允许孩子哭，是培养情商的第一步

涵涵妈 —— 著

中国妇女出版社

U0871382

版权所有·侵权必究

图书在版编目（CIP）数据

允许孩子哭，是培养情商的第一步 / 涵涵妈著．
北京 ：中国妇女出版社，2025．6．-- ISBN 978-7-5127-2492-1

Ⅰ．G782

中国国家版本馆CIP数据核字第2025BW5712号

责任编辑：丁　鼎
封面设计：
MM末末美书
QQ:3218619296
责任印制：李志国

出版发行：中国妇女出版社
地　　址：北京市东城区史家胡同甲24号　　邮政编码：100010
电　　话：（010）65133160（发行部）　　65133161（邮购）
网　　址：www.womenbooks.cn
邮　　箱：zgfncbs@womenbooks.cn
法律顾问：北京市道可特律师事务所
经　　销：各地新华书店
印　　刷：三河市嘉科万达彩色印刷有限公司

开　　本：145mm×210mm　1/32
印　　张：7.5
字　　数：200千字
版　　次：2025年6月第1版　　2025年6月第1次印刷
定　　价：49.80元

如有印装错误，请与发行部联系

目录

第一章

自知情商

——允许孩子哭，是培养情商的第一步

第二章

自控情商

——父母不焦虑，孩子更自律

第三章 自信情商
——忍住！别插手！让孩子独立成长的教养智慧

第四章 自励情商
——有远见的父母，都带点“绝情”

第五章 语言情商

——如何说孩子才会听，怎么听孩子才肯说

第六章 社交情商

——教孩子学会解决冲突和与人相处的技巧

第七章 阅读是一辈子的修行

——爱孩子，请让他爱上读书

后记

第一章

自知情商

——允许孩子哭，是培养情商的第一步

亲子关系：孩子为什么和你对着干

我们的孩子为什么喜欢跟爸爸妈妈对着干？其实，孩子之所以跟大人对着干，大都是因为以下三点。

01　未得到尊重

很多人都知道要尊重孩子，但“知”和“行”是两回事儿。在跟孩子相处的过程中，我们经常会不自觉地命令和威胁他们。不知道你有没有发现，我们说话的语气和态度，是赢得孩子配合的重要因素。

一个朋友家有三个小孩——两个姐姐和一个弟弟。有一次我去她家串门，姐妹俩正在一起玩串珠。朋友对大女儿说：“妈妈跟阿姨说会儿话，你帮我照顾一下弟弟。”大女儿说：“可是妈妈，弟弟会把我们的串珠弄乱的！”朋友火气上来了，大声说：“行了，照我说的做，让你帮忙干点儿事，就知道叽叽歪歪！”

过了一会儿，正在客厅说话的我们，听到了弟弟的哭声和姐姐们的吼声。朋友跑过去指责姐姐说：“让你照顾一下弟弟都不行，一点儿都不知道替妈妈干活！”

作为旁观者，我发现，从妈妈命令姐姐的那一刻起，小姑娘就很不情愿配合了。很多时候，我们以为只要提高音量就能压制住孩子，其实恰恰相反，音量越高反而越会激起孩子的逆反心理。

在姐姐一开始提出不乐意照看弟弟的时候，如果妈妈不是用强迫的方式，而是用温和的语气对姐姐说：“嗯，他确实是个小淘气，但我想你肯定有办法管好他，帮妈妈个忙，好不好？”姐姐可能就会变得积极主动起来，小孩子总是有办法哄比他更小的孩子的。

平时在跟涵涵沟通时，我也发现，当我用高分贝的声音和家长的权威压制她时，涵涵总是很不乐意配合，可当我意识到错误，马上向她道歉，并且温和地跟她再说一遍时，小朋友还是很好说话的。

所以，孩子有时候反抗的不是我们的说话内容，而是说话方式，他们不过是想得到尊重而已。我们也有义务去尊重自己的孩子，这样他才会更加自尊自信，并且懂得尊重他人。

02 需要获得关注

我们都喜欢做“警察式”的父母：当孩子做得好时，没有表扬和鼓励；可当孩子犯错时，总会在第一时间给予惩罚和批评。

特别是有了二宝之后，因为精力有限，父母经常无暇顾及大宝，只有当他犯错误的时候，才会去关注他。虽然不是积极关注，但孩子才不管呢，只要成功引起大人注意就好。所以，很多妈妈会发现，有了二宝后，大宝会出现一些“小宝宝”的行为，比如经常想要妈妈抱、奶声奶气地说话，甚至又开始尿裤子等。

其实，孩子所有这些看似叛逆和退化的行为，都只是为了获得妈妈的关注而已。

我有个朋友，在生下二宝后，大女儿也出现了行为退化，于是她就真的把大女儿当婴儿一样对待，给她喝配方奶粉，吃婴儿食物，玩婴儿玩具。当大女儿提出要画画或者搭积木时，妈妈笑着坚决不同意，说：“那是大孩子才能玩的，小宝宝只能玩摇铃，给你！”

大女儿当了半天时间的婴儿后，发现还是长大了好，于是又肯配合妈妈一起照顾小弟弟了。

你看，当孩子寻求父母的关注时，我们给予他足够的陪伴，而不是只在他犯错误时才去关注，孩子就不会变得越来越糟糕了。

03 权力之争

有一次，我跟涵涵说好要去小雁塔玩，可临出门时，她把我的高跟鞋全部翻出来了，弄得家里乱七八糟。我很平和地说：“把鞋子收好了，咱就出门。”她不收，我就等着。

几秒钟后，涵涵说：“你先带我出去玩，我回来就收。”我没说话，继续等着。

过了一会儿，涵涵又说：“那咱们一起收！”我还是等着。

最后，涵涵只好自己动手把鞋子摆放好。我微笑着拉起她的手往外走，并问她：“咱们今天先喂鱼，还是先骑滑板车呢？”

现在回过头来想想，如果当时我看到她制造的混乱而忍不住发火，命令她“赶紧收拾”，肯定不会这么顺利。因为无论什么时候，当我们命令或者强迫孩子做事情时，都会导致权力之争。

当你温和、明确且坚定地表达出自己的态度，孩子就知道了你的底线在哪里，而不会有逆反心理。如果孩子采取迂回策略，开始试探你的底线，你一定要毫不动摇，不然就会陷入“得寸进尺”的讨价还价中。

当孩子的行为达到你的预期时，你要及时转移孩子的注意力，把孩子从刚才的事情中拉出来，愉快地玩耍。

小孩是很聪明的，特别是现在的孩子见多识广，比我们小时候聪明多了，所以你得斗智斗勇，讲究方式方法。不然，看似你声如洪钟、气势磅礴，其实已经被孩子成功地激怒、成功地控制了。你说是不是呢？

允许孩子哭，是培养情商的第一步

为什么孩子哭的时候，你越哄，他哭得越凶，甚至全家齐上阵使劲哄都不管用？因为孩子哭，是其需求没有得到满足，或者没有被理解，而我们哄的宗旨却是“赶紧别哭了”，可是孩子的需求仍然没有被满足，更没有被理解，肯定会哭得更凶啊。

对大脑的研究表明，人体的大脑前额叶要到二十岁左右才能发育成熟，而前额叶的功能就包括理性思考和控制情绪等。因此，孩子都是高兴就笑，伤心就哭。但这并不意味着我们不能引导孩子管理情绪，提高情商。

“情商”一词，被很多父母重视，培训机构甚至利用父母看重孩子情商的焦虑，设置相应的培训课程，动辄几万元钱的培训费。其实，情商是需要在生活中慢慢培养的，不是一蹴而就的。

正式提出“情商”这一术语的是美国心理学家约翰·梅耶和彼得·萨洛维，他们认为，情商最核心的三种能力是认识和管理情绪（自己和他人）的能力、自我激励的能力、正确处理人际关系的能力。

看完之后，你就会发现，这三种能力呈递进关系，先学会认识和管理情绪，才能自我激励和正确处理人际关系。

其实，孩子哭闹的时候，正是教他认识情绪和管理情绪的最佳时机。

01 先处理情绪，后处理问题

你心里郁闷的时候会怎样？大吃一顿？疯狂购物？跑到没人的地方吼上几嗓子？是的，首先需要发泄出来。每当此时，我们是多么羡慕小孩子呀，想哭就能随时随地哭，不用憋着，真好。

那为啥你就是见不得孩子哭呢？为啥要阻止宝贝们去发泄呢？要知道，宣泄情绪是管理情绪的第一步。所以，我们要允许孩子有哭的自由，不要强行阻止。

如果你的孩子已经三岁多了，你就会发现：三岁以下的孩子，哭闹的时候多；三岁以后，孩子就没那么爱哭了。因为他掌握的词汇多了，他会表达了。有人可能会说："我的孩子三岁多了，还是很爱哭。"咱要尊重个体差异，而且也要看养育方式和环境。

涵涵两岁多的时候，对我和她爸爸不满了会喊："啊——你们两个，坏蛋！你们是傻子啊！"在这之前，她哭得多，等语言丰富了，不高兴的时候直接就喊上了，比哭更有力量。

现在涵涵五岁多，哭的时候就更少了，因为她已经学会了钻规则的空子和拿你曾经的话堵你。你不给她某样东西时，她踩着凳子就能够到，还哭啥呢?

所以，当孩子的语言表达能力不足时，哭就是一种情绪宣泄，请允许孩子发泄一下。因为孩子情绪失控的时候，是油盐不进的。而且如果我们讲道理，孩子不听，反而会把自己也弄得气愤不已，最后演变成大人和孩子之间的权力之争。

当然，有可能因为孩子弱小，你的“以暴制暴”会暂时把他压制住，但保不齐他会在青春期，自以为“翅膀变硬”的时候反抗你。因此，当孩子有负面情绪时，不要想着粗暴压制，或者不当回事儿，而是要先接纳、理解孩子的情绪。

“妈妈知道你现在很伤心，想哭就哭吧，来抱抱……”给孩子一个大大的拥抱，让孩子明白，他是被理解的，而且有坏情绪是很正常的。当孩子被拥抱时，他的不开心被理解，他的不满得到安慰，自然慢慢就平静下来了。

02 引导孩子正确表达自己的情绪

对大脑成像的研究表明，让一个人用语言把自己心中强烈的情绪说出来，有利于其烦躁不安的心情逐渐平复下来。那么，我们陪着孩子哭完之后，等他安静下来，就可以尝试着引导他把情绪表达出来。

如果孩子还小，不会表达，我们可以借助绘本。比如风靡全世界的立体书《我的情绪小怪兽》，就是一本超实用的情绪认知书。这本书用各种颜色来代表情绪，对于孩子来说，更容易理解和体会，也更容易表达出来（这是最棒的地方）。

黄色，是快乐的情绪。它就像太阳的光芒，给所有人带来温暖。

蓝色，是忧伤的情绪。那不停滴落的一滴一滴雨点，就像打在心上落下的眼泪。

红色，是愤怒的情绪。它就像一道道明亮的火光在咆哮，砰！

黑色，是恐惧的情绪。它藏在密不透风的黑色森林的阴影里，让人感觉压抑、害怕、渺小、无助。

…………

通过图文结合和比喻句的形式，这本书将那些抽象的、看不见的情绪转化为可以看见和感受到的视觉体验，告诉孩子什么是快乐、忧伤、愤怒、恐惧……我们要让孩子知道，无论哪一种情绪和感觉，都是最真实的自己。

有了这种认知做基础，当下次孩子有负面情绪时，我们就知道该如何应对了。

有一次，涵涵回到家，发现她最爱的绘本《好玩的数字》上面被我用马克笔分别画了一个大于号和一个小于号，怎么擦都擦不掉。

涵涵跑到我面前，很生气地说："妈妈，你为什么要在我的书上画大于号和小于号，现在擦不掉了，怎么办？"

我当时正在做饭，头也不回地说："你上次拿那个马克笔画画，不是印在桌子上，也擦不掉了吗？"

"那你知道擦不掉，为什么还要画到书上面？"非常珍惜物品的涵涵眼里含着泪继续问。

“妈妈在知道擦不掉之前就画了，等画完了，拍完照，急着写文章就忘记擦了。”

涵涵继续纠缠：“那你为什么不擦呢？你知道擦不掉还画……”

没完没了了，她还没有理智脑，但已经过了二十岁的我有啊。我赶紧选择刹车，走到她跟前，抱着她问：“妈妈在你的书上画了东西，擦不掉，你很伤心、很生气，对不对？”

涵涵点点头，说：“妈妈，你知道擦不掉为什么还画？”

再次听到这句纠缠不已的话，我只能憋住笑，继续引导。

“涵涵，你还记得咱们一起读过的《我的情绪小怪兽》吗？你现在的心情是什么颜色的？”

涵涵气鼓鼓地说：“红色的！”

“那你现在的身体里肯定装着一只小怪兽，想要嗷嗷叫，是不是？”我边说边学着小怪兽的样子。

涵涵有点被逗乐了。

我继续说道：“是妈妈不对，不应该不经过你的允许就在你的书上乱画。现在我们一起想办法，看能不能擦掉它，好不好？”

我用湿抹布按在涂画的地方，稍用力擦拭了几下就擦掉了。

涵涵很好奇，忍不住问：“为什么桌子上的擦不掉，书上的就能擦掉呢？”

“因为木头有吸附能力，而这个是光面的，不会把颜料吸附进去呀。”

接下来，我继续引导涵涵学会管理自己的情绪。

“你看，妈妈正在做饭，你跑进来大喊，把妈妈弄得手忙脚乱，你心里也不舒服，是不是？那下次涵涵能不能试着不发火，跟妈妈一起想办法，来解决问题呢？”

她点了点头。

我继续说：“《好玩的数字》上面的符号，是你生气生没了的，哭闹哭没了的，还是妈妈擦没了的呢？”

她笑了起来。

“所以，生气和哭闹都解决不了问题，对吧？”我说。

这件事就到此为止，不用我们再唠叨了，孩子心里自会有所思索和判断。

当孩子哭闹时，我们的目的肯定不仅仅是“止哭”，更应该为长远计，让孩子学会控制自己的情绪。那我们就要先引导孩子认识情绪，并用语言描述出来，然后让孩子进行反思，遇到问题要想办法解决，而不是哭闹，哭闹是解决不了任何问题的。

当然，三岁以下的宝宝，因为尚未具备很好的语言表达能力，所以不能清晰地将自己的感受和想法说出来，但他们也会借助其他方式与外界进行沟通。比如用手指向自己想要的东西，拿手里的玩具跟别的小朋友进行交换等。

情绪经常被接纳的孩子，他们的性格一般比较平和，与父母的关系也比较亲近，有什么事都愿意找父母沟通；而经常被阻止宣泄情绪的孩子，他们的内心是压抑的，有什么话都不会跟父母说，亲子关系也就变得越来越疏远。

孩子小的时候，我们可以用简单粗暴的方式，很快地压制住他的情绪。可能你不愿意去共情，去耐心沟通，觉得那很麻烦，但你现在在孩子身上偷的懒，也许他青春期时会如数奉还。

愿天下为人父母者能够明白，允许孩子哭，比哄孩子笑更重要。情商的培养，就藏在生活的点滴之中。

心理学：读懂孩子的哭声

孩子一哭闹，你就上火，然后他哭得更凶？

孩子一哭闹，隔代亲的老人家就无条件满足，然后他下次还用这招？

情绪教育专家杨俐容老师曾说过：“每个生气情绪的背后，都有一个未能被满足的愿望，或者被阻挠而无法达成的目标。”这就告诉我们，在孩子哭的时候，不要一味地强迫他不要哭了，或者是哄着他赶紧别哭了。因为“你别哭了”这句话，是要求正在哭的孩子反过来满足我们的意愿。

我们要允许孩子发泄，跟孩子共情，让孩子自己想明白哭与不哭的结果有什么不同。

心理学研究表明，六个月大的胎儿就可以识别妈妈的声音，并试图去理解这声音中所包含的喜怒哀乐。也就是说，打从娘胎里起，宝宝就对我们深深地依恋着，他渴望被妈妈理解、包容和爱护。

记得我产后四十二天去医院体检，体检完顺便让涵涵在医院游泳。当我给她脱完衣服，护士走过来打算抱她时，她突然意识到了什么，两只小手紧紧地攥着我的手，眼里满是惊恐和求保护的信号，甚至整个身子都在往我身上倾。当时她一定使尽了全身的力气来求我别让她被人带走。

那是我第一次感受到妈妈对一个孩子的重要性，也第一次深深地体会到那个小小的人儿有多么需要我。

可有时我对孩子的要求有些高。比如在涵涵很小的时候，我的确极尽包容。但随着她越来越大，会走路、会说话之后，我却越来越不耐烦。因为我总觉得她长大了，理应更加听话，怎么却比小时候更加难缠、更加不懂事了呢？

当我累了、烦了，要求孩子体贴我时，却唯独忘记了，她真的还是个很小的孩子。她正在成长中，在经历各种敏感期、各种叛逆期，而在这每一个阶段的成长中，她也在迷茫，也难以自控，她需要我们的引导、理解和包容。

所以，当孩子哭闹时，其实他内心最期盼我们这样做。

01　妈妈，请接纳现在的我

记得涵涵一岁多的时候，跟小朋友在院子里玩，那天她被一个小孩推倒了八次。每次被推倒在地后，她都是爬起来就哭。旁边坐着的爷爷奶奶还有一个伯伯都说她没出息，就知道哭。

我当时气愤于大人们的不辨是非，也气愤于那个小孩家长的不作为，再加上本来那天心情不好，就冲着又一次哭着向我跑来的涵涵大吼了一声。结果涵涵竟然吓得尿裤子了。

这件事情，每每想起，我都会揪心地疼。也是从那时开始，我努力发奋学习育儿知识，了解儿童心理和各种敏感期。因为我不想再如此伤害我的宝宝。

那么小的一个孩子，当她寻求我的庇护时，我却选择与全世界站在一起与她“为敌”，她的内心该是多么无助啊！

所以，不论你的孩子是否让你丢脸、让你烦躁，他此时的表现是否如你所期盼，都请你接纳他，完完全全地接纳他此时的“不完美”，允许他慢慢成长。

02　妈妈，请您理解我

涵涵刚上幼儿园时，没有像其他小朋友一样哭闹。只有在三四天后不想起床，闹过情绪，等完全清醒后就好了。

可是两个月后，她每天上幼儿园都哭着不进教室，或者要求我在门口等她。对此，我内心非常不理解，有时也会感到不耐烦，甚至想发火。因为在家里说好去幼儿园，结果去了却不进门，挺让我愤怒的。

然而，此时已经有了丰富育儿知识的我，觉得首先要了解她这么做的原因。

一次睡前的惯例聊天中，涵涵终于说出了不想上幼儿园的理由：“我怕去了幼儿园后，爷爷奶奶老着老着就老死了咋办？”接着她哭着说道：“那我就永远永远都没有爷爷奶奶了！”

我忽然想起，原来是有一次，一支“三周年祭奠”的乐队经过家门口，她问我人是怎么死的，我给她普及过生老病死的知识。孩子的心地就是这么单纯和害怕失去，以至于做出了令大人匪夷所思的举动。

接下来，我再次给她深入地普及了何为生死，并经常带她去看望爷爷奶奶，还跟老人说了孩子的顾虑，让他们也帮忙开导开导。后来，涵涵才愿意高高兴兴地去幼儿园。

我们总是说要理解孩子，要共情，但因为孩子小，语言表达能力有限等各种原因，家长难以及时了解孩子的真实想法。而有的家长太缺乏耐心，导致孩子的某种情况变得更糟糕，越来越不想说出自己的内心感受。

一个能够被共情的孩子，不仅能很快停止哭闹，还能够学会共情，从而在人际交往中更受大家欢迎，因为他懂得站在别人的角度去思考问题。

03 妈妈，我该怎么办

每晚跟涵涵的“卧谈”中，她总有很多的人生疑惑，需要我来解答。

有一次，她跟我说：“妈妈，我搭好了积木，叫老师看，她为啥不理我、不表扬我呢？”

如果此时我嫌她不赶紧睡觉呵斥她，或者随声附和说“是啊，老师应该表扬我们的”，那孩子就得不到正确的引导，也学不会如何正确地与他人相处，这甚至会使本身处于自我意识爆发期的孩子变得更加自我，觉得地球该围着自己转。

所以，我问她："你大声跟老师说了吗？"她说："不够大声！"

我又问："当时老师看着你没？"她回答："没有，老师在跟别的小朋友说话。"

我说："你看，你们托班有那么多小朋友需要老师照顾，她正在忙，而你说话又不够大声，所以很可能老师没听到，并不是老师不喜欢我们家宝宝！"

说完之后，我清楚地看到她脸上的表情从疑惑转变成释然。

所以，很多时候，孩子并不是需要我们的认同。所谓共情，也不是说必须随意地附和、认同孩子，他说什么就是什么。孩子这时需要我们给予回应并解释他的疑惑，从而得到正确的引导，并形成自己的理论体系和认知。

因此，当孩子哭闹时，我们不能再反过来要求他体贴我们，停止哭闹。他也不需要甚至也许没有能力去解释，他为什么哭。我们应该放弃被体贴的渴望，放弃刨根问底求解释，正确地给予共情，并能在他迷茫时，做出恰当的引导。这才是孩子真正需要，却被很多人忽略掉的一点。

愿孩子的负面情绪都能够被接纳，而不是被压制。因为如果严厉压制，孩子就会反抗得更厉害，以至于落入情绪用事、争论不休的恶性循环中。

表达共情：被安慰的孩子，为什么仍在哭

自从看了育儿书之后，大家知道了“共情”这个词。但在运用时，却发现效果并不是那么好。昨天一位妈妈说，每次玩具掉到沙发底下之后，女儿总是一个劲儿地哭。“玩具掉了没关系，我知道你很着急，想捡起来，妈妈帮你解决，不要哭。”妈妈这样安慰女儿。

“我明明已经在共情了啊，可孩子一点儿都不买账，非得哭到玩具被捡起来为止。难道我共情得还不够吗？”这位妈妈很困惑地问我。

我们常常说要跟孩子共情，并且自以为已经共情。其实，当孩子因为需求没有被满足而哭闹时，我们的出发点往往是“赶紧安慰好，不要再哭了”，并没有设身处地地理解孩子的感受，自然也没能真正共情。

所谓跟孩子共情，就是用语言说出孩子内心的感受和痛苦，让他感觉到自己被理解了。比如那位妈妈不明白：为什么我都共情

了，女儿还在哭？

亲爱的，孩子心爱的玩具掉到了沙发底下，她看不见了，怎么会觉得没关系呢？我们大人知道把沙发挪动一下就会找到，可小孩子不知道啊，她害怕万一找不回来，该怎么办呢？

所以，在这件事情上真正的共情是：抱抱孩子，并且说出她的感受，“宝宝最喜欢的玩具掉了，你担心再也找不到了，是吗？别怕，我们一起想办法，把跟你捉迷藏的玩具找出来，好不好？”

记得在心理学的课堂上，老师列举了很多例子，来让我们了解共情、同情和不痛不痒的安慰的区别。我记忆最深刻的一个例子是：

有一位老人，她养了多年的狗死了，老人不吃不喝，整天闷闷不乐，儿女们很是担心。

大儿子说：“不就是一只狗吗？人都会死呢，何况狗，要看开点儿。”

大女儿说：“我再给你买只一模一样的狗，你接着养。”

小儿子说：“狗死不能复生，日子还是要过下去的。”

这些安慰都没能让老人释怀。

后来，儿女们带老人去看心理医生。心理医生对老人说：“你养了多年的狗，就跟儿子一样亲，所以我特别能理解你的伤心。”老人听完，“哇”的一声哭了出来。

你看，共情从来不是站在自己的立场上，居高临下地去同情别人，而是真正说出他内心所想，才能起到安慰的作用。

去年，我带涵涵参加一个活动，出来后正好看到一家麦当劳，我就给她买了一个甜筒。可是她刚吃了几小口，甜筒就掉地上了。涵涵哇哇大哭，可伤心了。

如果我说“不就是个甜筒吗，掉就掉了，再买一个就好了，有啥好哭的”，她肯定会哭得更凶。因为她会想：我最爱吃的甜筒掉了，妈妈不但没有安慰我，还不能理解我的伤心，我也太可怜了吧……

涵涵一哭，我就烦，再发怒的话，她肯定更伤心了——我最爱吃的甜筒掉了，得不到安慰、不能被理解就罢了，还要被骂，呜呜呜……我怎么这么倒霉啊……

所以，真正的共情在这个时候就会显得非常有力量。

“刚吃了几口的甜筒掉了，涵涵非常伤心，觉得非常可惜，是不是？来抱抱！抱抱！你看咱现在怎么办呢？是返回去重新买一个，还是赶快回到家，在咱家附近买一个？”

孩子这时就会将注意力放在如何抉择上，而不是继续哭。

在面对孩子的哭闹时，父母用共情去理解、思考孩子的感受和诉求，接受孩子当下的情绪，是一种非常有效的安慰方式。

可是，在现实生活中，却不是每个人都能做到真正共情。

那么，具体到跟孩子的沟通上，我们该怎么共情呢？

1. 肢体语言用起来

当孩子哭闹时，我们可以抱抱他、亲亲他。有时候，这些非言语行为比言语表达更简便有效，能让孩子真切地感知到你的认同和理解，同时，它还不会干扰孩子的持续表达。

2. 说出孩子内心的感受

如果我们的出发点是赶紧止哭，那就会站在自己的立场上说些不痛不痒的甚至是居高临下的安慰话，孩子会因为不被理解而哭得更凶。

3. 先动怒，后共情，效果不会太好

孩子一哭，我们就烦，耐着性子哄了两句止不住，接着就动怒。发完火，后悔了，再想共情，效果就差了。

其实想想看，孩子毕竟还小，哪怕三岁了、六岁了，也只是个会为了零食和玩具而哭的小孩。这样，我们就不会期待那么高，因孩子的行为不合自己的预期而动怒了。

4. 共情，不是孩子一哭，立马就得开始的事儿

有时候，孩子需要跟自己的情绪多待一会儿，他暂时不渴望被共情时，我们可以等待一下。就好比我们安慰一个痛哭的人时，最恰当的说法不是“好了，别哭了”，而是“想哭就哭一会儿吧”。

5. 让孩子认识情绪

孩子并不是生来就知道“我生气了”“我很委屈”“我很伤心”等各种情绪的。但不知道并不代表不存在。我们可以借助《我的情绪小怪兽》《各种各样的情绪》等绘本，让孩子更好地认识情绪、接纳情绪，进而释放情绪，让自己成为情绪的主人。

所以，请反问一下自己：跟孩子共情，我真的做对了吗？

一个唱红脸，一个唱白脸？当心“1+1=0”

在现实生活中，不少父母的育儿理念是“一个唱红脸，一个唱白脸”，即我们通常所说的“严父慈母”或者“慈父严母”。这样一唱一和，让孩子有所畏惧的同时也不会缺少人爱。

但是，“红白脸”的教育方式真的有效吗？事实并非如此。因为很多人明明是在教育孩子，最后却演变成了夫妻二人的战争。这样不仅会伤害夫妻感情，更会对孩子造成一系列不好的影响。

我妈和我婆婆经常会问我：“涵涵怕谁啊？”我说：“谁都不怕。”她们就开始发愁了：“哎，总得有一个怕的，这样才能管住她。”

某著名演员在一次接受采访时，就提到过这种教育方式不太好。“如果小孩子知道父母有不同的立场，他就会钻空子，知道在爸爸这儿不行，就会去妈妈那儿。”所以，在教育孩子方面，夫妻一定要坚定立场，统一战线。

昨天早上，涵涵爸嫌我感冒了还熬夜，嫌涵涵不收拾玩具，把我俩说了一顿。涵涵“噔噔噔”从卧室跑出去，对爸爸说：“妈妈感冒了，你要对人家好点。”

回来的时候，涵涵手里捧着一杯菊花茶，说：“妈妈，感冒了要多喝水。”

我很感动地接过杯子，喝了几大口，满心欣慰地表扬了她。

只见她凑到我跟前，自信满满地问：“妈妈，你说你最爱谁呀？”

哦，原来你的小心思在这里。

可为娘怎能不坚持原则？我说：“我爱爸爸，还有你啊！”

她很不甘心地说：“可是，爸爸刚才还说你呢！”

我说：“那是因为妈妈确实做得不对呀。我们是一家人，不许拉帮结派！”

涵涵嘟着小嘴说：“好吧，我知道了！”

我接着说：“涵涵不是说过乱扔玩具，它们会疼吗？现在送它们各自回家休息吧！”

涵涵听完，就转身去收拾自己的玩具了。

针对女儿不收拾玩具这件事，涵涵爸采取了严厉批评的方式，涵涵反过来向我示好并试探我的底线时，我就必须跟涵涵爸保持统一战线，不然就达不到教育的效果。

但涵涵的态度真的引发了我很多思考。如果父母经常背道而驰，一个唱红脸，一个唱白脸，那对孩子的成长和家庭的影响都是极为不利的。

1. 孩子会不明是非

在一件事情上，父母双方的观点不一致时，孩子就会产生矛盾，不知道应该听谁的，或者无法判断谁说的才是对的。

趋利避害是人的本性，这使得孩子会接受对自己有利的一方，而不去看是非对错。慢慢地，孩子就会变得缺乏自信、没有主见。

2. 影响夫妻感情

很多时候，父母一方试图正正经经地批评犯了错的孩子，而另一方则全力维护，变着法子帮孩子开脱。这样你一言，我一语，互不相让，争着争着，就变成了夫妻二人之间的战争。

我身边的不少妈妈都说，孩子爸爸平时不管孩子，自己也不看育儿知识，在教育孩子时难免会出现分歧，一言不合就开战，如果都在气头上的话，甚至还会从争论发展到抓扯，让人唏嘘不已。

在这点上，我是很庆幸的。因为我有好为人师的毛病，所以每次发现新奇的育儿方法和理念，都会第一时间讲给涵涵爸听。

可能是我们三观一致，也可能是耳濡目染的效果，总之在教育涵涵方面，我俩很少有意见不一致的时候。所以，我们基本没有因为孩子的问题而争吵过。

3. 影响亲子关系

在很多家庭中，孩子怕的“白脸家长”，也是孩子最不亲近的一方，甚至会使孩子产生仇恨心理。

如果刚被爸爸训完的涵涵给我端完茶，问我最爱谁，我说“妈妈最爱你”，那她肯定会觉得“爸爸不好，妈妈好，我更爱妈妈”。

无论何时，父母都不要在孩子面前说另一方的坏话，企图拉拢孩子到自己的阵营，这对孩子的心理发育是非常不利的。

从事心理咨询的朋友曾跟我讲过一个案例：

有个小男孩，爸爸嗜酒如命，好吃懒做，妈妈整日跟他唠叨爸爸的不是。慢慢地，小男孩开始疏远、讨厌甚至仇视自己的爸爸。但长大后的他，竟然也染上了酗酒的坏习惯。

因为在小男孩的潜意识里，他希望证明自己虽然爱妈妈，但也是爸爸的孩子。于是，他就不自觉地模仿起爸爸的行为，以此来证明自己是爸爸的孩子，自己跟爸爸之间是有联结的。

要想营造一个健康的家庭系统，就必须将夫妻关系置于家庭中最重要的位置。这样孩子才会身心健康，家庭才会稳如磐石。

4. 影响孩子的性格养成

“红白脸”教育出来的孩子，要么见风使舵，做事表面一套、背后一套，要么唯唯诺诺，永远是父母的“乖宝宝”。

这主要看夫妻双方的力量：如果势均力敌，那孩子就是第一种，圆滑类的；如果一方特别强势，那孩子养成“乖宝宝”性格的概率就很大。

5. 影响父母的权威

注意，我们在这里说的是权威，而不是专制。本来父母在孩子心中是“神”，如果非得在孩子面前表现得观念不一致，甚至互相否定，孩子难免会产生对父母不尊重、不信任的情绪。

不过，在教育孩子的过程中，有一种方式和唱“红白脸”还是有本质区别的。那就是父母双方的原则和立场一致，只是采取的方法不同。

比如针对涵涵不收拾玩具一事，涵涵爸给予了严厉的批评，而我则采取了温和的方式。一样的标准和原则，不一样的教育方式，这是没毛病的。

有时候，当一方严厉批评不管用时，另一方不妨试试“温和而坚定”的方式。通常情况下，这种互相配合的教育方式是非常有效的。

所以，不要再一个唱红脸，一个唱白脸了，这对家庭关系、亲子和谐、孩子身心发育和性格培养等都是没有好处的，更不可能达到你想要的教育效果。

第二章

自控情商

——父母不焦虑，孩子更自律

对孩子影响最糟糕的，是着急的妈妈

英国精神分析学家温尼科特曾说，对孩子影响最糟糕的妈妈，就是着急的妈妈。

适度的焦虑是好事，它是我们前进的动力，会督促我们积极解决问题，从而变得更好。但一味地焦虑，而不想着如何去解决问题，只会让问题变得更糟。

养孩子也是一样。前几天，我跟一个从事心理咨询工作的朋友聊天，聊到了涵涵吃饭的问题。我说："涵涵周末在家，总是不好好吃饭，啥菜都不吃。带她去北京玩，想让她尝尝地方特色美食，她也只是吃汤泡饭。"

朋友说："娃们都这样，一阵一阵的，你越着急，她越不好好吃。"一句话让我恍然大悟："就是啊，你看我，整天回答别人的问题，说别人太焦虑，自己反而也着急上火，还因此跟涵涵发过脾气呢！"

朋友哈哈大笑，说："我还不是一样，整天做家庭心理咨询，遇见自己娃的问题，也是忍不住会犯错，但稍微一思考，就会想明白。”

每当回复妈妈们的私信问题时，我都能感受到她们的焦虑。接下来，我把大家比较关心的四个常见问题汇总如下，算是做个统一的回答。

01 关于英语启蒙

有的妈妈会问：“涵涵妈，我家宝宝已经三岁了，现在听英语儿歌进行启蒙还来得及吗？”对此，我经常会开玩笑地说：“才三岁呀，又不是下个月就高考了，你太着急啦。”

虽说语言学习永远都不晚，三十岁开始学英语，并且取得一定成就的大有人在。但学习一门新语言，真的是宜早不宜晚。为什么呢？有研究表明，如果孩子的第二语言是五岁以前学的，那第二语言就会和母语储存在大脑的同一区域；十一二岁才学，储存区域就是分开的。

因此，儿童时期学习外语，最有可能运用和母语一样的机能，也就是我们通常所说的“习得”，而不是“学得”。

我过年回老家时，亲戚们都说：“你在外面待了这么些年，洪洞方言还说得如此地道。你看你表姐，才在外面待了几年，回来说话就半土不洋的。”亲戚们都以为表姐是故意装腔作势。其实，这只是每个人的语言驾驭能力有所不同而已。

对于那些外语是“习得”而不是“学得”的人来说，外语是他们的第二语言，在说的时候，会像母语一样脱口而出，并不是汉译英，先在头脑中翻译一遍，再讲出来。还有就是我们的口腔肌肉和舌头，如果已经形成了母语的发音习惯，就很难再改变发音位置，把外语的音发准。

咱跟别人学说方言又何尝不是这样？明明听见是那个音，自己说出来的味道却是不一样的。所以，现在我给涵涵讲英语绘本时，她总是会纠正我的发音。这就是早学和晚学的区别。

不过，才三岁的孩子，开始学英语真心不晚。十岁之前，都不算晚。当然，我们这里所说的是第二语言的“习得”，而不是“学得”。如果仅仅是学习，什么时候开始都不晚。

02 关于安全教育

平时回答妈妈们的私信问题时，我总是喜欢听大家多介绍一些背景情况。因为每个孩子的性格以及家庭环境不同，所以行为形成的原因和具体解决方法肯定会有所不同。

比如昨天一位妈妈问，她家孩子为什么总是喜欢往马路中间跑。看到这个问题时，我并没有想太多。若是时间和打字的空间充足，我会跟她多聊几句，问问她：有没有耐心地跟孩子讲过安全问题？有没有陪孩子认识红绿灯？有没有拉着孩子的小手，边过马路边提醒他应该注意什么？还是一看见孩子往马路上跑就直接着急上火？

如果这些都做了，很多男孩依然调皮不听，那就要想想是否要启用简单粗暴的方法来阻止他。毕竟关乎孩子生命的底线问题，我们是一定要坚持的。

有一次，我带着涵涵在马路边走，她手里的皮球掉了，滚到了马路中间，孩子想都不想直接挣脱我的手要跑过去捡。这时后面来了一辆公交车，还好我及时一把拉回了她。当时我吓得心都要跳出来了，严厉地批评了她。

训完涵涵后，我自己也意识到不对了，就找了个僻静点儿的地方，蹲下来，看着她的眼睛说："涵涵，任何时候你都要记住，无论什么东西都没有你重要，再贵再好的东西没了，妈妈都可以给你买，但你要是被撞着了，就永远也买不到了。"

前几天，我们一起过马路，涵涵手里的玩具掉了，她下意识地往前走了半步后，又退了回来。我知道，她这是想起我说的话了。当然，此时不鼓励、不表扬更待何时，我们要正向强化孩子的好行为呀！

很多小孩对危险的感知能力比成人都强，记性也比我们好。比如，你苦口婆心说一百遍暖水瓶不能碰，都不如把他的小手放在上面感受一下高温来得更有效。

所有的安全教育，不是你一味地禁止、命令就可以达到效果的，而是要让孩子明白"为什么不可以"，然后形成自我约束。因为你总有走神的时候，不可能跟着他一辈子。

当孩子的心智都被父母的呵斥和焦虑情绪占据时，就失去了对周围环境的判断能力。所以，与其我们每次都着急上火地提醒，不如平时一点一滴地将安全教育渗透到孩子的脑海中，让他自己约束自己的行为，自己留心，注意安全。

03　关于吃饭和睡觉

吃、喝、睡对于孩子来说是大事，因为这些不仅关乎着长身体，还关系着长智力。

你有没有发现，吃饭其实是本能，人饿了都需要食物。那些不好好吃饭的娃，要么是家长从未让孩子享受到吃饭的乐趣，一味地追着喂，强迫着吃；要么是孩子整天嘴不停，吃零食过多，导致肚子不饿而不好好吃正餐。不然，只要孩子没有积食，没有生病，吃饭是不用我们操心的。

睡觉也是这样。当我总想着涵涵今天睡晚了，会影响她身高，对智力发育也不好，就控制不住体内的“洪荒之力”。可事实是，你越发火，就越影响孩子睡觉，倒不如给孩子提供一个安静、平和的环境。

妈妈要稳住情绪，不过分焦虑，不急于求成，慢慢引导孩子更好地入睡，更健康地成长。比如白天让孩子多活动身体，消耗过剩的能量；睡前不做游戏、不看剧情激烈的电影，以免孩子太兴奋而失去睡意等。

04　关于成长和阅读

孩子三岁之前，很多妈妈着急的问题主要是：我娃怎么这个月没长体重？我家宝宝怎么十个月了还不出牙？我家孩子一岁多了怎么话还是说不好？

后来，孩子不疾不徐地按照自己的节奏长齐了牙、说好了话，妈妈又着急新的问题了（为什么爸爸不操心这些事儿？）。

我写过一篇文章，里面提到了跟涵涵亲子阅读时，涵涵会提问，我也会提一些开放性的问题。然后有些妈妈就开始着急了，“为啥我的宝宝在阅读时，从来都没问题？”“为啥我提开放性的问题时，我家孩子总说不知道？”

亲爱的，你有没有想过，或许只是孩子的年龄还小，又或许是孩子平时提问时，你会感觉到不耐烦而没有认真对待，甚至发了火？至于孩子说“不知道”，可能是语言表达能力还没到那个程度，不知道该如何表达。

慢慢来，静待花开。你越着急，越坏事。说到亲子阅读，我发现有些妈妈会嫌孩子五六岁了都不能自主阅读，会嫌孩子读了那么多绘本还不认识几个字。我想说的是，你们看到涵涵自己看书的照片，那只是自己看书而已，并不是认识了字后的自主阅读。

研究儿童听力的专家表示：孩子的听力理解能力比阅读能力强，二者一直到八年级才能达到相同的水平。因此，孩子能够听懂并理解自己无法看懂的复杂、有趣的故事。所以，你干吗非要着急让孩子自主阅读呢？陪孩子读书，是多么美妙的亲子互动时光呀！

在这里想温馨提示大家一句：世界上识字的人那么多，但把阅读当成习惯的又有几个？所以，你觉得快乐阅读、把阅读变成一种像吃饭一样自然的习惯重要，还是逼迫孩子认那几个迟早会认识的字重要呢？

涵涵读的绘本不少，但认识的字并不多。我也没有刻意让她去写字，都是她自己拿着笔在纸上画。涵涵能自己拿着书看，要么是我讲得多了，她记住了书里的内容，要么是在看图说话，并非识字的结果。

等孩子到了识字敏感期，都不用你逼，他自己就会去认、去问，甚至自己动手写。我从来不逼迫涵涵写字，幼儿园的作业也不要求必须做，结果她反而越写越工整。我觉得，没必要让孩子这么小就写写写，家长从小注重孩子精细动作的锻炼，写字工整就是水到渠成的事。

孩子成长中的每个阶段，都有关键性的发展任务，我们只需要给予适当的引导，让其能顺其自然地发展即可。

愿我们都能静下心来，莫着急，允许孩子慢慢来。

内驱力才是孩子一辈子学习的秘密

外驱力使你爆发，内驱力使你坚持。如果说外驱力是输血，那么内驱力就是造血。

为什么有的孩子热爱学习，主动写作业，而有的孩子就非得被逼着学，等到进入大学就彻底放飞自我，在本该昂扬向上的年纪反而没有学习动力了呢？究其根源，就是缺乏内驱力产生的不同结果。

内驱力是由内而外地驱动自身去学习、工作及思考，它是一种自觉自愿且不会轻言放弃的内部动力。而外驱力则相反，需要由外部因素带动自身运转，比如家长或老师的鞭策、激励等。

昨晚临睡前，我拆开一个快递包裹，里面是一个有助于培养孩子专注力和精细动作的儿童穿绳玩具。我一拿出来，涵涵就要玩，我大致讲解了下玩法，她就开始穿了起来。

原想着很简单的东西，当涵涵遇到困难向我求助时，我才发现，除了精细动作要过关，还需要把线全部铺在相应的位置上，不能只是一面有线，而另一面没有。

在我的引导下，涵涵成功做到了把线全部展现在正面上。可是，快穿完时，绳子不够用了。我提醒涵涵，可能是因为前面没有拽紧。

我的本意只是想提醒她下次穿的时候注意，因为我觉得在临睡前的烦躁期，涵涵是不愿意拆了重新穿的。可没想到，她自己主动说:“妈妈，你帮我拆了，我重新穿一次。”于是，我拆掉了比较松散的那部分，让她重新拽紧了再穿。

穿好之后，涵涵很自豪地举起自己的成果给我和她爸爸看。又穿了两个，她才恋恋不舍地去睡觉了。

看着灯下那个专注穿绳的小身影，我仿佛看到了周日上游泳课前，一遍一遍主动练习跳水的小姑娘。

因为涵涵胆子比较小，所以游泳的时候很怕跳水和拿杯子往头上浇水这两个环节。可在我和她爸爸的鼓励和“佛系”心态下，她内在的驱动力反而被唤醒了。只要游泳池里没有小朋友上课，她就会赶紧喊上爸爸，跑进去反复练习自己的弱项。

在涵涵的努力下，她的跳水动作非常标准，老师在课上让她给大家做了示范，这更增强了她学游泳的动力和信心。

关于如何唤醒孩子的内驱力，我在这里给大家做一个简单的总结。

01 具体而诚恳的称赞

具体而诚恳的称赞，是指父母要用赞赏的语气来描述自己所看到的或感受到的，而不是泛泛地、笼统地、无差别地来一句“你真棒”或者“你真聪明”。

比如在涵涵上游泳课的一小时里，我虽然没有陪她下水，但会认真在看台上观看。下课后，对于她在练习中表现好的地方，我也会及时给予表扬：“涵涵游泳时的手部姿势越来越标准了。”“涵涵一直在努力克服自己对水的恐惧，妈妈为你点赞……”

这些具体的称赞能让涵涵感受到妈妈对她的关注，以及对她所付出努力的认可，从而使其在内心升起一股自豪感。孩子一开心，积极性一上来，整个过程就顺畅了。

表扬孩子努力的过程，就相当于我们用“成长型思维”对孩子进行了鼓励，这将决定孩子在今后的人生中能否获得持续的自信和进步。

所谓具有成长型思维，就是能这样看待问题：

· 我总是能比现在做得更好。

· 遇到困难，我能坚持。

· 我能从错误中学习。

· 我能学会任何我想学的东西。

· 别人的成功能给我带来启发。

· 我觉得努力和态度非常重要。

· 我喜欢挑战自我。

…………

02　保护好孩子的好奇心和求知欲

《小王子》中有一句话：“如果你想造一艘船，不要抓一批人来搜集材料，不要指挥他们做这做那，你只要教他们如何渴望大海就够了。”

对于孩子的学习也是一样。父母不需要强硬地灌输，不需要反复地要求，只要激发出孩子内心的渴望，就足够了。

从三岁左右开始，孩子的抽象逻辑思维萌芽，最典型的表现就是，喜欢不停地问“为什么”。孩子的“为什么”一个接着一个，还经常不按常理出牌，虽然搞得我们有点头大，但这的确值得高兴。

因为此现象说明，那个只会吃手、玩脚的小家伙，开始关注自己以外的世界，并且对这个世界充满了好奇，有强烈的探索欲望和学习热情。爱因斯坦曾说：“我没有特别的天赋，只有强烈的好奇心。永远保持好奇心的人是永远进步的人。”

孩子主动学习的欲望，以及对知识的渴求，都是源自父母在他们好奇心发展的关键期给予了积极的保护和引领。

孩子在探索未知事物时表现出的兴趣、好奇心和求知欲，激发了他们观察、学习、分析等主动学习的热情，而探求的过程，除了能培养孩子解决问题的能力，还会带给孩子满满的成就感。同时，对世界的热爱、对知识的探索，更能激发孩子热爱生命，积极向上。

在孩子好奇心发展的爆发期，我们可以带他去科技馆、博物馆、海洋馆等多看看、多玩玩。特别是看了科普类绘本，有一些知识基础之后，去了更加有意思。

03 让孩子感受到无条件的爱

上周上完游泳课，在回家的车上，涵涵问我：“妈妈，你是不是现在很喜欢我啊？”

我说：“不管是以前不敢跳水的你，还是现在动作标准到能给小朋友做示范的你，妈妈都喜欢。因为你是我的女儿，我是你的妈妈呀，所以妈妈永远喜欢你。”

现在写下这段话时，觉得自己好煽情，也终于明白，涵涵的煽情遗传自哪里了。

细细想来，在我跟涵涵相处的过程中，我俩经常这样煽情。所以，无论谁跟她开玩笑说“你妈妈不要你了”之类的话，她都不会当真，因为她确定“我妈妈很爱我，无论怎样她都爱我，不会不要我”。

父母对孩子无条件的爱，会促使孩子更看重自己，并爱上自己。一个自尊自爱的人，才有动力积极向上，不然他只会首先寻找被爱的感觉，而完全没动力做其他事情。

04 让孩子有自主感

我们在开头提到的那个穿绳玩具，我的小侄女也试着穿了几下，但她感觉比较难，想放弃。

我妈和我弟他们在听我说了穿绳能带来诸多益处后，就着急了。

我弟说：“快点，乖乖给姑姑穿完。”

我弟媳妇说：“你听姑姑的话，穿完给你买好吃的。”

我妈说：“你不穿完，我们今天就不回家。”

至此，小侄女完全失去了自主感。无论是谁，都不喜欢被别人逼迫着做事，自然穿绳也就没有继续。

所以，无论是阅读还是玩耍，我们都要给孩子自主感，跟随孩子的节奏，不要用我们的焦虑去胡思乱想，进而转嫁到孩子身上，觉得他必须如何做。

与其逼着孩子学，不如唤醒他的内驱力，让他主动爱上学习。

孩子做事拖拉、磨蹭，其实是不懂时间管理

孩子做事或写作业磨蹭、拖拉，最主要的原因是没有时间观念。涵涵自从认识时间，建立时间观念之后，做事比之前快多了。

当孩子拖沓时，家长要做的不是抱怨或者责骂，而是告诉孩子怎样才能快起来。下面五个让“慢性子”的孩子快起来的方法，不妨一试。

01　认知和感知时间

涵涵对时间的最初认知源于沙漏计时器。为了让她在刷牙时刷够一定的时间，我特意买了一个三分钟的沙漏计时器。

沙漏计时器在一定程度上能达到时间可视化的效果，让孩子看见时间的流逝，我们还可以让孩子感知时间。比如在孩子洗手的时候，打开水龙头，用“光阴似水”“光阴似箭”等比喻句来加深他对时间的理解。

此外，我们还可以让孩子看着时钟去感知时间。涵涵爸曾拿

着时钟告诉涵涵：“最长的是秒针，它转一圈是一分钟；第二长的是分针，它转一圈是一小时；最短的是时针，它转一圈是十二小时，转两圈就是一天一夜二十四小时。”

通过这些方法，让孩子认知和感知时间。只有对时间有了概念，孩子才会知道一分钟有多长，十分钟有多长，可以做多少事，才会更加珍惜时间。

02　在规定时间内做完某事

之前看过一本关于时间管理的书，上面说，如果你记录一下自己每天的时间安排，你就会发现到底有多浪费时间。

有的人早上睁开眼拿起手机，先刷刷微信朋友圈，再看看微博热搜榜，不知不觉一两个小时就过去了。还有的人在工作时，明明是要拿起手机看看随手记在记事本中的待办事项，结果看到微信发过来的聊天消息，忍不住聊了起来，完全忘记了自己当初拿手机是要看待办事项的，就这样，一上午的时间又浪费掉了。

孩子也是这样。晚上写作业时，一会儿上厕所，一会儿削铅笔，睡觉时间到了，作业还没写完。孩子困得哭，父母气得吼，闹得鸡飞狗跳。匆匆忙忙写完作业，孩子憋着委屈睡觉了，留下了懊悔不已的父母。

那么，我们为何不让孩子从小养成在规定的时间内做完一件事情的好习惯呢？比如五分钟起床穿衣服，十分钟刷牙洗脸等。

当孩子在规定的时间内完成某件事后，家长一定要给予及时的表扬和奖励。慢慢地，你就会发现，孩子懂得跟时间赛跑了。

03　养成有规律的生活习惯

一个作息时间不规律的人，很容易陷入手忙脚乱的状态中，也很难在规定的时间内完成应该做的事情。

孩子的作息时间不规律，不仅会影响到身体发育，还会破坏他的时间管理能力。有规划、有规律的生活，才能养育出懂得管理时间的孩子。

当然，想让孩子规划和管理好自己的时间，家长一定要少一些包办代办，尽量让娃自己的事情自己做。比如早上起床时，让他自己穿衣服、洗脸等。这样不但能锻炼孩子的生活自理能力，还能增强他们对时间的掌控感，使其时间意识越来越强。

另外，如果孩子的生活被塞满各种出于父母的意愿而报的兴趣班，他们也是会手忙脚乱的。养育孩子，有时候需要我们做减法，兴趣班太多，反而使孩子没有真正的兴趣所在了。

04　督促和提醒

因为孩子大脑中相关的前额叶皮层功能区发育还不完善，所以他们的行动力和反应能力就会比较弱，从而表现出拖延的状态。这个时候，就需要家长督促和提醒一下。

比如有时涵涵早上洗着手就开始玩泡泡了，涵涵爸就会提醒她说：“七点四十了，你洗个手咋比别人洗澡还慢呢？”经过爸爸的告知之后，涵涵知道不能再玩了，否则上幼儿园该迟到了，就会主动加快速度。

所以，不要想着有什么方法可以立竿见影，像一道程序一样，输入孩子体内，他就立马如你所愿。如果这样，孩子不成机器人了？

所谓监护人，提醒和督促就是我们的责任呀。

05　家长带头做好时间规划

仔细想想，很多时候，我们觉得孩子磨蹭，出门来不及，对他发火，其实并不是孩子错了，而是我们着手准备得晚了。

如果我们做事分配好优先级，提前提醒孩子做准备，就不会那么着急忙乱，埋怨孩子了。

成长是一件急不得的事情，每个孩子都有自己的节奏。最好的教育，是尊重孩子成长的节奏，温柔地告诉他：孩子，请不要着急，我们慢慢来。

孩子发脾气不是坏事，憋着才成问题

如果孩子爱跟你发脾气，那证明你们的亲子关系很好，孩子很信任你啊。要是孩子在最亲近的父母面前都要隐藏自己的情绪，那才需要高度重视呢。因为坏情绪积压在心里，找不到出口，会憋出病来的。

涵涵在我面前的脾气就不小。当她刚看完动画片没多久又要看时，我肯定不允许，她就会大发脾气，冲着我喊道："妈妈坏！"但发完火之后，她不会继续纠缠，而是该干吗干吗去。

儿童心理学家黛博拉·麦克纳马拉博士说："让孩子将脾气发完，而不要试图阻止孩子发脾气。发脾气本身是无害的，阻止发脾气才是。"就像成年人一样，将坏情绪发泄出来，会感到畅快淋漓，若积压在心里，则会觉得胸口憋闷，儿童也是如此。

当然，如何发泄坏情绪，这是个问题。

涵涵在玩串珠或者拼图遇到问题时，会大喊："啊……怎么总是弄不好！"在本子上画画，翻页后总是弄不平整，她也会用发脾气的方式提醒我。我假装看不见，她就会把本子扔到我面前。不过，就算没人搭理，她也会自己慢慢平静下来，接着玩。

《倾听孩子》的作者帕蒂·惠芙乐说："当孩子不能专注于一件事时，通常是有情绪上的阻碍。"如果孩子能把不良情绪导致的挫败感释放出来，就会更专注、更纯粹地把事情做好。因为宣泄愤怒有利于去除干扰因素，保持精力集中而快速找到问题的本质。

北京大学心理学教授、知名育儿专家魏坤琳曾提到过，孩子发脾气的时候，正是教他管理情绪的好时机。所以，孩子爱发脾气，没什么不好，关键在于我们如何引导他合理发泄。

1. 不要企图用更大的声音和火气压倒他

我发现，涵涵发脾气时，如果我用发脾气和大嗓门来应对，她很不容易平静下来。相反，若是我微笑着温和地回应，她倒会慢慢平静下来。

美国著名儿童心理学家西尔斯认为："消除不良行为的最佳途径是，对良好的行为加以鼓励。"我们可以延伸拓展一下这个观点：当孩子发脾气时，如果我们也发火，"以暴制暴"，只会让孩子模仿我们的行为，认为就该如此。所以，我们要用正确的沟通方式引导他，并直接做给他看。

2. 转移注意力

如果孩子是因为小伙伴不肯分享玩具而闹脾气，我们就可以用别的玩具转移他的注意力，或者直接将他抱走，离开"事故"发生地。

3. 超赞的情绪宣泄法

情绪如洪流，宜疏不宜堵。我们可以借助绘本，帮孩子找到排解和宣泄情绪的方式。比如《生气汤》就是一本教我们如何面对孩子愤怒的情绪疏导书。

当小主人公霍斯生气的时候，妈妈会把一口锅装满水，放到炉子上，再撒入一些盐。然后，妈妈跟霍斯一起对着锅尖叫，吐舌头，做鬼脸。最终，霍斯笑了，妈妈也笑了。

此外，我们还可以引导孩子对着镜子大喊，捶打枕头，疯狂涂画等。

那么，如何提升孩子的情绪控制能力呢？

1. 培养孩子的耐心

当孩子提出某种要求时，家长不妨“延迟满足”，过一段时间再实现他的愿望。让孩子在等待的过程中学会有耐心，学会克制自己，这是自控力形成的前提。

比如过生日时，孩子一看见生日蛋糕就要吃。这时候，家长可以告诉孩子，现在是吃饭时间，吃完饭全家一起吹蜡烛吃蛋糕。要让孩子明确知道父母不能立刻满足他的理由。

2. 培养孩子的规则意识

只有具备规则意识，孩子才能提高自控能力。比如规定每天只能看两集动画片，而且是早晚各一集。

当孩子用哭闹来试探我们的底线时，要温和而坚定。当孩子明白你的底线，有了规则的界限之后，就不再做无用功了。

3. 通过游戏培养自控力

美国经典育儿书《游戏力》中说，养育孩子的很多事情和问题，都能通过游戏的方式来解决。

比如我们可以和孩子玩“木头人”的游戏，孩子通过扮演“木头人”，学会控制自己的动作，进而产生自我控制的意识。

4．父母做好榜样

坏脾气是会遗传的。因为教育的极致是行为的影响，相比你是如何说的，你是如何做的对孩子的影响力更大。

所以，我们做父母的要管理好自己的情绪。比如开车遇到堵车时，不要烦躁，更不要骂人；发火之前提醒自己保持理性，可暗示自己“别发火，发火伤身体”等。

5．给孩子足够的爱和陪伴

高质量的陪伴能够满足孩子内心的情感需求。在精神层面得到满足的孩子，其安全感才会真正建立起来，慢慢形成幸福感。

当孩子发火时，我们可以给他一个爱的拥抱，引导他说出自己的心思，帮助他合理宣泄情绪。沐浴在爱和幸福中的孩子，内心丰盈、平和，相反则暴躁、易怒。

专注力：不打扰，是对孩子专注力的最好保护

在这个充满选择、诱惑和干扰的时代，专注力是一个人成功的关键。

对于孩子来说，专注力高有助于进入“状态”，学习效率比较高，也不容易受到外界的干扰；专注力低，总是动来动去坐不住，静不下心，老师在课堂上讲的内容听不进去，课后再学习，肯定是事倍功半。

我上学时，那些学得很轻松的“学霸”，上课听讲都是非常认真的。记得我上初二时，有一天，装玻璃的师傅从教室的后门走进来，除了萍萍，我们都扭过头看。老师就说：“看看你们，一有动静就不专心听课，咋就不能向人家萍萍学习呢？”

难怪我们班每次考试第一名都是萍萍。从那以后，我就有意识地去要求自己，集中注意力，排除干扰。后来，我的学习成绩确实提高了不少。

既然专注力这么重要，那我们如何提升孩子的专注力呢？

01　让孩子知道什么叫“专心”

一位儿童青少年精神科临床心理师曾说：“在日常生活中，要让孩子知道何谓专心，并且适时对孩子的专心行为给予肯定。”

在跟涵涵相处的过程中，我发现确实是这样。之前涵涵做作业时，会半路拿点零食，甚至一边听音频故事一边做作业，比如听着《米小圈上学记》做数学作业。

这时，责骂肯定无济于事，要先让孩子知道做什么事需要专心，以及怎样才能做到专心。于是我就跟涵涵说：“宝贝，写作业的时候呢，一定要专心，不要一会儿拿吃的，一会儿干别的。”

当涵涵做得好的时候，我也会及时给予表扬。比如“涵涵，妈妈要隆重地表扬你，写英语作业时没有分心，认真专注，只花了二十分钟”，说完还会“啪啪啪”鼓掌。（当妈后我就是个“戏精”。）

几次之后，涵涵就知道写作业的时候要专心，也能在规定的时间内做好该做的事了。

02　不破坏孩子的专注力

其实，孩子的专注力是天生的，只是会被我们做父母的有意或无意地破坏掉。有两种父母容易破坏孩子的专注力：

一种是责任心太强的父母，当孩子沉迷于一件事的时候，他们会不停地问“你喝不喝水”“要不要尿尿”“来，吃点水果吧”，类似这样的介入都是一种打扰，会让孩子无法专心在这件事情上。另一种是控制型的父母，当孩子做的事不符合自己的期望或认知时，他们会打断孩子。比如，“不对，不对，不能这样画，太阳怎么可以涂成绿色的呢？”“给你一根小树枝，插到你堆的沙堡上，假装是一面旗子。”

其实，无论孩子做什么，都有自己的自由和乐趣在里面，父母只需要陪在孩子的身边，任由他探索就好，不用拿成人的眼光来判定这样做有没有意义或者要不要给予指导。聪明的父母一定是等到孩子发出求助信号时再伸出援手，如此效果才最好。

“教育孩子就是牵着蜗牛在散步。”这是一条细细长长的成长之路，一切都得慢慢来，孩子的认知能力发展与成熟不是一蹴而就的，我们要用牵着蜗牛去散步的心态，允许孩子慢慢成长。

03　培养孩子的兴趣爱好

有的妈妈经常问我：“为啥我家娃对啥都不感兴趣？”聊过之后才发现，原来不管孩子玩什么，她都觉得玩法不对，孩子自然提不起兴趣。

孩子虽小，也有自己的思想，如果我们主宰了他的一言一行，那是在培养木偶，而不是在养育孩子。

孩子喜欢画画，喜欢剪纸，喜欢搭积木，我们只需要提供相关材料就好，玩的事儿就交给他自己。当孩子完全沉浸于自己喜欢做的事情时，能在无意当中提升自身的专注力。

我总觉得，在玩的过程中，孩子的自由度越高，潜能发挥得越好。相反，一味地让孩子根据我们的思路来，反而会束缚孩子的天性，破坏孩子的天赋。

一般来讲，学画画、钢琴和小提琴的孩子专注力都比较强。但前提是，孩子要对这些感兴趣。

04 减少唠叨和催促

我是个急性子，涵涵爸是个慢性子，而且是那种你越催他越慢的人，不是他在反抗，而是我的催促会打乱他的节奏，让他无所适从。

很多孩子也是一样，你越催，他越磨蹭，这时候的专注力肯定不高，长期如此养成习惯，他做起事来就很难集中注意力，包括学习。所以，我们与其催促，不如引导孩子合理分配时间。这样，孩子就成了时间的主人，在对时间的掌控中也会越来越自信，并获得满满的成就感。

05 亲子阅读或大声朗读

亲子阅读是一种培养孩子专注力的好方法。父母可以把孩子抱在怀里，进行一对一的亲子阅读，也可以跟孩子一起大声朗读。

只要每天坚持阅读，总有一天，孩子会把你讲过的故事复述出来，或者能主动拿起他感兴趣的书，安静地看几分钟。

06 控制玩具数量

有段时间，涵涵放学回家后都不知道该玩什么，才拿起剪纸不到两分钟，就去玩拼图了，拼图还没拼完，又去玩积木了，对每个玩具的关注度都不高。

我和涵涵爸也发现，之前讲故事时，涵涵可以专心听很久，直到我们都讲累了，她才恋恋不舍地放下书。可自从涵涵生日，家里增加了不少玩具后，她的专注力明显下降了，故事才听十分钟就坐不住了，跑开去拿玩具，然后一边玩一边听。

“兴许是涵涵可选择的玩具太多了，分散了她的专注力。”于是，我跟涵涵爸商量，把家里的玩具收起来一部分。一段时间过后，涵涵的专注力才慢慢恢复过来。

那么，给孩子准备多少玩具，才最有助于培养他的专注力呢？美国一位学者认为，孩子的玩具数量最好是五个，低于五个会让孩子产生自卑心理，多于五个则会破坏孩子的专注力。

关于提升孩子的专注力，只要我们采取科学、适当的方法，并坚持下去，一定会有效果的。

自控力：不要强行禁止孩子玩手机

我们都知道，手机玩多了，肯定对孩子影响不好。但若视手机为洪水猛兽，连碰都不让孩子碰一下，也会出大问题。

对于现在的孩子来说，玩手机属于童年时期的一部分，就像我们小时候大多数人都看过《新白娘子传奇》一样，而至今我都没完整地看过这部电视剧。因为小时候我们家没电视机，只有一柜子书，我长大后也没特意去补看。可每每跟同龄人聊起童年时，我还是会觉得缺了点什么。

因此，孩子玩手机不是完全不可以，但要规定玩的时间、内容，还要看孩子的年龄。

有一次，我坐地铁去上课，有位妈妈抱着一个大约八九个月的婴儿，妈妈拿着手机在看，宝宝也一眼不眨地盯着手机看。妈妈玩了一会儿发现宝宝也正盯着手机，就打算收起来，可小朋友不干了，大哭起来，直到妈妈把手机给孩子，他才止住哭声。

其实，这么大的孩子，是很容易被转移注意力的，哭闹的时候，不是非得靠“电子保姆”来哄。

记得之前有个朋友说，他家宝宝从添加辅食开始就要靠手机才能哄到餐椅上坐下来，然后一边玩手机，一边吃辅食。

但其实孩子在两岁半前，最好不要看手机，两岁半后，可以在规定的时间内玩一小会儿。

还有个朋友说，他怕看手机影响孩子视力，也怕孩子沉迷于手机，就不敢给孩子玩手机。结果孩子跟爷爷奶奶住在一起后，看到爷爷奶奶打电话就拼命地把手机抢过来玩；跟老人一起去小区活动时，看见别人在玩手机，就站在人家身旁痴迷地看，不肯走开。

还有一个朋友，禁止他上小学的儿子玩手机，结果孩子却把班主任的手机偷回来玩。

听到这两位家长的讲述，我想起了心理学上有个名词叫作“禁果效应”。

越是禁止的东西，人们越想得到；越希望掩盖某个信息，越能激起人们的窥探欲。这种由于单方面的禁止和掩饰而造成的逆反现象，即心理学上的“禁果效应”。

这与人们天生的好奇心与逆反心理有关。玩手机也是，你越不让孩子玩，孩子越好奇“究竟手机有多好玩，为啥爸爸妈妈整天舍不得离开手机却不允许我玩”。同时，这种压制还会引起孩子的逆反心理：你不让我玩，我偏要玩，想尽一切办法去玩！

所以，在教育孩子时，我们不宜采取高压强行禁止的手段，应该善于做疏导教育。这一点，在禁止孩子早恋上也适用。试想，有多少少女是因为父母的强行禁止而产生逆反心理，陷入情感骗局的呢？或许如果当时父母能心平气和地和孩子沟通，问题便能得到有效解决。

孩子可以玩手机，但不能随便玩。

首先，我们得规定时间，而且是跟孩子一起协商规定。比如15分钟后主动把手机还给妈妈，如果不按时还，下次就坚决不给玩，这也有助于培养孩子的自控力。

其次，我们要筛选内容，一般不建议让孩子用手机看动画片等视频类内容。不仅仅是因为孩子在看视频类内容时，是在被动地接收信息，养成大脑的惰性，不利于智力的发展；还因为这些内容用电视也可以看，没必要离那么近去看小小的手机，影响视力。

现在有很多宝宝玩的益智小游戏开发得非常不错，里面还有时间设置。我一般都给涵涵设置成15分钟，毕竟是小孩子，虽然她的自控能力相比其他小朋友好一些，也还是会有入迷舍不得放手的时候。

这类小游戏，我是专门认真研究过的——没办法，我就是爱研究。比如打算给涵涵启动亲子阅读前，我把市面上的绘本研究了个透彻；打算给涵涵做英语启蒙前，我又研究了几种流行的启蒙理念和启蒙读物，最终找到适合涵涵的学习方案。玩游戏这么重要的事，肯定也要研究一番。

国际顶级刊物《科学报告》有篇论文提到，电子游戏尤其是那些动作类游戏，能增强孩子的注意力和感觉运动神经网络的功能性连接，表明玩动作游戏可提高孩子的注意力和感觉运动功能，即孩子玩得越好，脑子就越聪明。

所以，手机上一些益智类的小游戏是可以给孩子玩的，而且还大有好处呢。但坚决不要给孩子玩有关暴力、色情的游戏。很多App都有儿童模式，可以防止孩子看到不该看的内容，家长在给孩子玩之前要把好关、做好儿童模式设置。

其实，孩子内心的觉醒力要比家长的禁止和说服更管用。我经常用绘本来给涵涵讲为啥不能长时间玩手机或用手机看动画片。在图文并茂的讲解中，她确实真正了解了为什么不可以这么做。搞清楚了这一点，孩子就会启动自身具备的自控能力来约束自己的行为。

这个世界对孩子来说，好玩的东西太多了，我们不用过分担心孩子会沉迷于电子产品。那些沉迷于手机等电子产品的孩子，很可能并不是因为喜欢，而是因为兴趣匮乏，就像很多大人刷视频、逛淘宝都是因为闲得无聊一样。比如前两年我还常常隔几分钟刷一次手机，现在却忙到根本没时间去刷朋友圈。

涵涵每天放学回来，要玩积木，要画画，要拼图，还要看书，根本没时间玩手机。有时实在无聊得很，她才会跟涵涵爸说："爸爸，把你的手机给我下盘象棋吧！"事实上，她根本不会下象棋，拨弄几下手机，就开始缠着我给她讲故事了。

所以，关键还是我们家长要提高陪伴孩子的质量，不能一边玩手机一边应付孩子，却不准孩子碰手机，那孩子肯定会觉得很无聊，并对手机产生更重的好奇心。

根据我自身的经验，捉迷藏对孩子的吸引力就大过手机。涵涵宁愿跟爸爸妈妈一起玩游戏，都不愿意一个人玩手机。

总的来说，孩子不是不可以玩手机，但要有条件地玩：

第一，至少要到两岁半以后才可以让孩子玩手机。

第二，玩的内容以及时间要事先和孩子商量好，孩子同意遵守规则再让他玩。

第三，家长要提高陪伴孩子的质量，尽量少玩手机，多陪孩子，以转移孩子的兴趣，或许还能把孩子的兴趣培养成特长呢！

秩序敏感期：给孩子立规矩的黄金期

前天，我去游泳班接涵涵，看到一个小男孩，妈妈催了好几次该回家了，他就是不走，非要把积木按原来的顺序摆好。

小男孩的妈妈说："哎，我们家孩子是个典型的处女座。在家里，爸爸的手机妈妈不能拿，妈妈的枕头爸爸不能枕；吃饭的时候，如果我们不按平时的固定位置坐，他就会大哭。我怀疑他是不是有强迫症啊。"

其实，孩子并不是有强迫症，而是他正处在"秩序敏感期"。

儿童教育专家孙瑞雪在《捕捉儿童敏感期》一书中写道："儿童秩序的敏感期呈现螺旋式上升的3个阶段：第一个阶段，为了秩序的破坏而哭闹，秩序一旦恢复就会安静下来；第二个阶段，为了维护秩序而说'不'，自我意识开始萌芽；第三个阶段，为了维护秩序而执拗，一切要重新来。"

在这一时期，孩子对物品摆设的位置、动作发生的顺序、物品的所有权等有着极度苛刻的要求，因为程序和秩序会给他们带来安全感。如果遭到破坏，他们就会感到不安、焦虑，甚至还会产生极端激烈的反应。

意大利幼儿教育家蒙台梭利认为，如果成人未能给孩子提供一个有序的环境，孩子便不能建立起对各种关系的知觉。当孩子从环境里逐步建立起内在秩序时，智能也因而逐步建构。

那么，我们应该如何应对孩子的秩序敏感期呢？

如果孩子的执拗是合理的，或者是不触犯公共道德标准、不危害他人的，那我们就尽量给予满足，帮助孩子顺利度过这一敏感期。

如果孩子对自己的物品所有权有特别强烈的控制欲，不愿意分享，我们也不要强迫，应该尊重孩子对自己物品分配的权利，让他自主选择给或不给。

如果孩子的有些要求实在没办法实现或者不合理，我们就需要灵活变通，先接纳情绪再好好商量，可以通过拥抱、讲道理或者转移注意力等方式平息孩子的情绪，但切忌蛮横镇压。

如何充分利用秩序敏感期，培养孩子的良好习惯？

1. 培养整理的好习惯

处于秩序敏感期的孩子，最喜欢物归原位：鞋子一定要放回原来的地方，玩具要放在固定的抽屉里不能变……那么，我们就可以趁机引导他自己动手收拾玩具或图书。即使他表现得“笨手笨脚”，甚至越帮越忙，我们也不要斥责，而要耐心指导，不断表扬。

有的时候，孩子可能会拒绝收拾，这并不是因为他懒，而是他看到“好大一片”，觉得自己没有能力完成。

试着想一想，我们搬家后，面对一大堆的东西要收拾，是不是也备感压力？孩子也是一样。我们可以跟他一起收拾，培养他做事情的条理性，以及养成爱整洁的好习惯。

2. 培养规则意识

有一次，我带涵涵去杭州玩，看到一名女子在过马路时闯红灯，涵涵就问我：“妈妈，为什么那个阿姨不等绿灯就过去了呢？”当时恰逢“宁波老虎吃人事件”发生，我就趁机告诉她规则是多么重要，以及过马路需要遵守的规则。

每个公共场所都有相应的规章制度，比如乘坐公交车要先下后上，在游乐场玩滑梯时要自觉排队，等等。总之，秩序敏感期是孩子接受道德教育的好时机。

3. 培养孩子的生活规律

热爱秩序是这个时期孩子的特点，这能带给他们安全感。我们可以给孩子安排一个科学合理的生活规律表，比如九点上床睡觉、进门先换拖鞋再洗手等。

像吃饭、睡觉一样，亲子阅读的好习惯也能在这一时期养成，成为孩子生活中不可缺少的部分。

4. 促进智力发育

有关专家经过调查发现，秩序敏感期是为孩子智力打造基础的最好阶段。孩子对秩序的敏感，能初步帮助他进行思考和逻辑因果的推演。

比如我们之前住的房子冬天没暖气，我就告诉涵涵，晚上睡觉的时候，要先脱裤子再脱上衣；早上起床时，要先穿上衣后穿裤子。

现在，涵涵经常自己去推理、思考一些问题，虽然有时并不一定对，但她确实养成了爱思考、主动思考的好习惯。

一份超实用的妈妈情绪管理清单

很多时候，我们对孩子发火，并不是因为他犯了多大的错，而是我们的心太累了。

当今社会对女性的要求越来越高，女性既要在事业上打拼，又要在家庭中承担起管孩子的主要角色。不可否认的是，有些爸爸的教育角色并未承担起来。

涵涵爸在这一点上做得很好，只要他有时间，就会看娃和做家务。但因为工作性质不同，照顾孩子的任务大部分还是由我来承担。

昨天吃晚饭的时候，涵涵跟我说："妈妈，你的优点是非常爱我，缺点是老跟我发火，你得注意一下了！"

一句话把我逗笑了，但也让我揪心不已，不禁引起了我的反思：因为忙工作、写公众号，再加上准备搬家，很多事情需要处理，我实在是分身乏术，火气也就跟着见长了。

其实，我一直挺注重情绪管理的，可一忙起来爱发脾气的坏毛病就犯了。所以，我特意把自己到目前为止了解到的关于控制情绪的经验和方法分享给大家。

01　降低期望值

想想孩子刚生下来的时候，我们是不是觉得只要健康就好？但随着小家伙渐渐长大，我们的要求越来越多，也越来越高，而耐心却越来越少。因为我们总想着，孩子都这么大了，应该……

其实，“应该”后面的种种，只是我们对孩子的期望而已。当现实不符合我们的期待时，我们一般情况下会有所失望，累的时候就会怒火冲天。

可是冷静下来想想，孩子才三四岁，我们小时候未必有他这么乖呢，然后就陷入了深深的自责中。于是，我们经常在“发脾气—自责—发脾气”这样的怪圈里周而复始着。

与其这样，倒不如降低期望值，扬长避短，用欣赏的眼光去看待孩子，努力发现他身上与众不同的亮点，并及时给予鼓励，让亮点更亮，至于短板嘛，只要不阻碍人生的发展就好。

02　建立预期心理

自己带娃的妈妈对孩子都是很了解的：孩子在什么情况下比较乖，在什么情况下喜欢无理取闹。比如孩子犯困的时候喜欢胡搅蛮缠，肚子饿的时候容易脾气暴躁，等等，这些都是有规律的。

如果我们能够无条件接纳孩子的这些负面情绪，并在考虑过所有的可能性之后，建立预期心理，也就是做好心理准备，就不至于怒火中烧了。

为什么那么多孩子喜欢《大卫，不可以》里面的大卫？因为那不正是孩子自己吗？还有《别让鸽子开巴士！》里面的鸽子——爱捣蛋，喜欢尝试各种新奇事物，把家里弄得一团糟，这就是孩子的天性呀。

如果突然有一天孩子不闹、不捣蛋了，安安静静地依偎在我们的怀里，我们没准会更难受，因为孩子十有八九是生病了。

所以，看到孩子各种闹腾，我们忍不住要发火时，请静下心来默念三遍："亲生的！亲生的！亲生的！"孩子本来就是这样的！

03　用有趣的语言跟孩子沟通

每天晚上是妈妈们最容易发火的时候，因为工作一天，已经很累了，孩子还磨叽着就是不肯洗漱，我们肯定会绷不住。

其实，孩子不听话，很多时候是因为沟通方式不对。孩子都喜欢逗趣的互动和好玩的语言。比如涵涵爸喊："涵涵，来洗澡！"涵涵直接回答："不要！"我接着问："涵涵，玩水不？"她会愉悦地说："玩！"

之前涵涵爸每次让娃刷牙，叫上八百遍也叫不到跟前，后来他现学现用，喊上一句"涵涵，爸爸帮你挤牙膏了啊"，孩子绝对会麻溜地跑过来说"我来挤"。

孩子最不喜欢听到"禁止 ××""不能 ××"……其实，不光是孩子，我们大人也不喜欢听，所以现在公共场所的标语很多都换成了“请 × ×”，而不是“禁止 × ×”。

别再威胁或命令孩子听话了，我们不妨换一种孩子感兴趣的说话方式，沟通效果绝对会好很多。沟通无障碍了，我们的脾气自然就小了。

04　让不发火成为一种习惯

心理学研究发现，大脑构筑一条新的神经通道需要二十一天。所以，一个行为或思想重复二十一天就会成为习惯、一种潜意识的惯性。很多事情不是我们做不到，而是我们被惰性困扰着，懒得改变。

当我们下定决心要管理好自己的情绪，并制定了二十一天不对孩子发脾气的目标，不妨预设一个奖励：每天做到了就奖励自己一张贴纸，集齐二十一张就送自己一个心仪已久的包包或者其他物品。

二十一天之后，你会发现，温和而坚定竟然变得这么容易，因为它已经成为一种习惯。

当然，现实生活中很难坚持二十一天，但这种有意识的约束行为的确会减少我们发火的次数。

咱们都是凡人，偶尔发火是正常的，与其自责，不如真诚地给孩子道个歉。让他明白，你不是不喜欢他，而是不喜欢他做的这件事。

05　让家人管管娃

很多时候不是队友不给力，而是我们自己不肯放手。

前段时间，我周末要去上课，涵涵爸周末要加班，老家有事奶奶需要回去一趟。我的建议是，涵涵爸带着娃去加班，但他却认为我过于保护，不愿放手，明明涵涵跟着奶奶回老家是最好的选择。我们问涵涵的意见，她也想回老家。最后，我选择了妥协。

事实证明，我的担心是多余的，涵涵并没有我想象中那么依赖与黏人，没有妈妈在身边，她也能玩得很开心。

人生最重要的事便是开心快乐，其他都是细枝末节。当我们的心太累时，不妨给心放个假，排空一下不良情绪，这样才能愉快前行。

要知道，我们心底最真实的愿望以及最初的期望是孩子健康快乐。在做父母的修行之路上，不忘初心，方得始终。

第三章

自信情商

——忍住！别插手！让孩子独立成长的教养智慧

缓解分离焦虑，让孩子独立，这位袋鼠妈妈有办法

有段时间，涵涵又开始把之前读过的绘本从书架上拿下来再次阅读，其中就有《袋子里的心》。这本绘本从画风到语言，我都非常喜欢。

这本书讲述的是一只非常黏人的小袋鼠，不愿意从妈妈的育儿袋中出来，然后袋鼠妈妈机智地将小袋鼠的分离焦虑转移，鼓励小袋鼠勇敢地在沙漠上奔跑的故事。

瑞士著名儿童教育专家皮亚杰最早提出了“客体永恒性”这一理论。“客体永恒性”是指孩子在脱离了对物体的感知后，仍然相信该物体依旧存在，只是暂时无法找到。

那些一离开父母就哭个不停的宝宝，就是因为缺乏“客体永恒性”的概念，认为爸爸妈妈离开了，就会消失不见，再也不回来了——当然，也有一部分孩子是抚养困难型的，知道爸爸妈妈不会消失不见，但就是要哭闹。

所以让孩子明白“客体永恒性”，有助于缓解孩子的分离焦虑。

父母离开孩子之前，就应该告诉孩子爸爸妈妈大概什么时候会回来。因为孩子这时候并没有时间知觉，所以我们可以用一些其他的方式。例如，“你午睡醒来妈妈就会在你身边”“你吃过晚饭，妈妈就回来了”“天黑的时候，妈妈就会回来”，等等。这样能让孩子明白，妈妈只是暂时离开，并不会消失。

尤其是孩子刚上幼儿园时，常常不愿意跟妈妈分离，我们便可以告诉孩子接他的时间，比如“你午睡醒来，吃了饭，妈妈就来接你了”。

《袋子里的心》这本书不仅能缓解孩子的焦虑，还能给我们提供一些缓解孩子分离焦虑的方法。

1. 耐心引导

书中那只小袋鼠，像不像死活不肯从妈妈腿上下来到幼儿园老师那里去的宝宝？但你看袋鼠妈妈多么有耐心呀。

现实生活中，咱们的小家伙可比小袋鼠难哄多了。不过虽然孩子哭闹，但在妈妈走了之后，也会很快融入集体，在幼儿园过得挺开心。只是第二天在幼儿园门口依然会上演同样“难分难舍”的戏码。我们此时只需要耐心引导，不要焦虑，相信终有一天孩子会改变的。

2. 让孩子独处

随着孩子渐渐长大，他需要独处的时间。比如宝宝自己在那里玩积木，把积木从桶里拿出来，放进去，放完之后，再倒出来，一个一个往里装。

此时我们不要用“积木是用来搭建的，不是那样玩的”的思想来束缚孩子。让孩子自己玩积木，不仅能够锻炼孩子的专注力，还能让孩子体会到安全独处的感觉。小时候孩子的安全感储蓄得越多，越有益于他以后的独立。

就像绘本中袋鼠妈妈鼓励小袋鼠从育儿袋里蹦出来一样，孩子终有一天需要跳出妈妈为他打造的舒适圈，独立面对一些事情。

那么，何不在咱看得见的安全地方，允许孩子锻炼一下独处的能力呢？如果事事包办，处处指导，孩子就会缺乏锻炼的机会。

3. 帮孩子交朋友

最初孩子发展社交能力的时候，一般会有很多困难，比如不敢跟小朋友说“咱们一起玩吧”。

这时候家长就可以说：“妈妈就站在你身后，你大胆地说吧。”或许第一次是妈妈帮宝宝说，后面宝宝发现原来这么简单，下次说不定就自己说了。

如果担心孩子未来上幼儿园会孤单，也可以在邻居中找个同龄的孩子做玩伴，这样在上幼儿园时，孩子有了自己比较熟悉的小伙伴，在陌生的新环境中也不至于时时刻刻都在想妈妈。

孩子成长的每一个关键点都不应该是孤独的，那些耐心的引导及背后默默的支持，都能为孩子走向外界提供源源不断的内心力量，最终我们的孩子会因为“不孤单”而越来越有力量和韧性。

培养孩子自主意识的有效方法

孩子到了一定年龄，会开始有自己的想法。作为父母，想让孩子独立成长，就一定要学会放手，培养孩子的自主意识。

自主意识差的孩子，没有界限感，遇事无主见，内心不独立，容易盲从，缺乏生活的主观能动性。下面我们就通过一些真实的案例，来看看自主意识到底有多重要。

01　没有界限感

我的婆婆是个很好的人，从来都是先人后己。但很多亲朋好友、邻里乡亲并不会对她的付出满怀感激之心，因为她是一个失去自我、没有界限感的人。

比如平时跟公公的相处中，无论何时何事，婆婆总是以公公为优先，永远把自己放低到尘埃里。可是，这种付出并没有给她带来自己所期望的回报。

再比如与子女的关系中，婆婆也是把自己放在最后一位，常常说“你好，我就好了”“你听话，我才开心”“你有出息，我就跟着享福”之类的话。她会在晚上九点多不敲门直接进入我们的房间。虽然我知道她并非有意，但心里多少有些不自在。

其实，我们身边有很多没有界限感的人，很多家庭矛盾的产生，就在于当事一方缺乏界限感。没有界限感，不是因为太爱对方而变得无私；没有界限感，哪怕是付出，也是自私的行为。缺乏界限感，是缺乏爱的能力的结果。

生活中，有些妈妈希望知道孩子的所有事情，从吃饭睡觉到穿衣打扮，从写作业到交朋友，凡事都想参与。这是典型的缺乏界限感的表现。妈妈的这种行为，会使得自己和孩子都痛苦万分。

02　没有主见

没有主见的孩子最容易盲从。我初中的一个女同学，竟然连自己喜欢什么样的男生都不确定，最后在父母的安排下远嫁外地。结婚后，她跟老公一起奋斗多年，好不容易买了房、有了车，结果老公出轨了。“被出轨”的她丝毫没有怨言，还依据“小三并不漂亮”来断定老公仍是爱她的，肯定是自己哪方面做得不好，他一时糊涂才做了对不起自己的事。

仔细想一下，她的这种没有自我意识的行为，在学生时期就已经表现得淋漓尽致。比如她经常纠结的事情是，“父母不高兴，同学不搭理，肯定是我做错了什么”。而且，她还是个不懂拒绝别人的“老好人”，总担心自己的拒绝会导致关系的破裂。

在青少年犯罪的案例中，大多数人是被教唆利用的。为什么会这样呢？就是因为有些青少年太没有主见。比如对一个有主见的人说“不抽烟不喝酒就不算男人”，对方肯定无动于衷，因为他心里自有“真正男人”的定义，不会轻易被蛊惑；但缺少主见的人就很容易去盲从他人，被引诱走上犯罪的道路。

说了这么多缺乏自主意识给家人和自己带来的伤害，接下来，我们就讲讲如何培养孩子的自主意识。

1. 给足孩子安全感

一岁前的婴儿是“不分你我”的，虽然在躯体上已经与妈妈分开，但在心理上仍然连在一起，觉得妈妈就是他，他就是妈妈的一部分。他需要妈妈给予大量的亲密回应和及时抚慰，比如哭了被抱起，饿了被喂奶，等等。

孩子三岁之前，安全感的储备很关键。这期间的安全感有没有给到位，决定了孩子将来能不能顺利度过与妈妈的心理分离。

2. 不要控制孩子

随着自我意识的加强，两岁左右的宝宝会进入人生的第一个叛逆期，通常被称为“可怕的两岁”。最典型的行为表现就是孩子天天把“不”字挂在嘴边，不管你跟他说什么，他都会反复冲你讲“不要”“不好”。

实际上，一个孩子会说“不”，是一个了不起的表现。因为他要通过这种语言表现和不断重复来寻求“我”与他人分离的快乐。所以，“可怕的两岁”应该叫作“了不起的两岁”。正是从说“不”开始，到坚定不移地坚持自己的看法，再到形成独立自我的过程，才逐渐派生出优秀的个人品质、喜好、性格和意志。

此时，父母切记不要试图去控制孩子，当然也不是事事满足他，而是让他明白，可以有所为，但也必须有所不为。这也就是我们总说的爱无条件，但有原则。这个原则除了公认的不损害他人和社会的利益，就是各个家庭注重的家教家风了。

3. 让孩子认识自我

“我是谁？”“我想要什么？”“我能要什么？”人的一生都在回答这三个问题，可很多人一生都没有搞明白。为什么从糟糕的原生家庭走出的孩子，有的能通过学习和努力实现逆袭，有的却不能？这就是自我认知的程度不同造成的差别。

“日本绘本之父”松居直曾说，被誉为“二十世纪的伊索”的绘本作家李欧·李奥尼所有的图画书都在追问同一个问题——“我是谁？”比如《亚历山大和发条老鼠》《鱼就是鱼》都在讲述一个自我认同的过程，而《田鼠阿佛》则是告诉孩子“我想要什么”。

李奥尼说：“对于四五岁的孩子，要让他们明白隐藏在故事背后的道理是不可能的，但这点并不重要。因为孩子们可能会觉得这个故事很好玩，会觉得这只田鼠好像和我一样啊。”

相比只是读懂了绘本而并没在心里留下痕迹而言，读得不太懂却在心里留下了印象更有意义。因为你会发现，很多储存在脑海中的知识终会在某一天，或有了更深刻的认识，或令你豁然开朗。

被人机械地教会和通过思考自己真切地领会，是两种截然不同的体验。阅读经典绘本，就是帮孩子不断内化自我认知的过程。比如通过阅读《田鼠阿佛》，孩子会知道，与众不同并不可耻，关键在于“我想要什么，我能要什么”，让孩子懂得肯定自己，做最好的自己。

让孩子拥有独立自主的意识和积极主动的态度，对于他现在的学习，以及将来的生活和工作都有着举足轻重的影响力。

调整方向：孩子需要的是进步，不是完美

我们要将注意力放在孩子的长处，而不是短处上。如果你关注的是孩子的长处，他的注意力也会指向那里，反之亦然。

我给涵涵报了一个游泳班，她特别喜欢玩水，但就是不敢把头埋水里，鼻子一接触水就害怕。上第一节课的时候，她完全不敢跳水。我心里难免会焦虑，要是她一直不敢跳可咋办？我该如何帮助或引导她走出现在的状况呢？

游泳班的课程顾问安慰我说，涵涵已经算很好的了，有的孩子第一节课都不下水，就在游泳池外面一圈一圈地跑，或者直接坐在池子边上踢水玩。我听完瞬间就释然了，立刻切换到了“佛系”妈妈模式。

游泳课结束之后，涵涵在冲澡时坚决不洗头，强烈要求回家再洗。因为游泳班是淋浴洗头，而涵涵在家是躺着洗头，这样面部不会沾到水。

回家的路上，我跟涵涵爸讲了课程顾问提到的那几个搞笑的

小孩，并充分肯定了涵涵今天的表现。涵涵爸鼓励她说，如果下次上课能够跳水的话，玩起来肯定会更开心。

第二次上课的时候，在教练的引导和爸爸的保护下，涵涵总算克服了对水的恐惧感，迈出了练跳水的第一步。只见涵涵爸抱住她慢慢往下蹲，她的鼻子和嘴巴就一点点地接触到了水面。

但是，在拿杯子往头上浇水的环节，涵涵又开始“偷奸耍滑”了，不是假装舀一下，用空杯子做个浇水的动作，就是只舀一点点水再慢慢浇下去。对于这一行为，我和涵涵爸都是看破不说破，但也并非完全不作为，当涵涵用空杯假装浇水时，涵涵爸就会用手往她脸上撩水玩。

上完课冲澡的时候，我看到了涵涵的进步。当她说回家再洗头时，我坚持了一下，她竟然同意用淋浴洗头了。

上第三节课的时候，涵涵在跳水时还是会犹豫，但比前两次好多了。等到第四次上课，无论是跳水还是往头上浇水，涵涵都非常配合了。

由此可见，鼓励的力量以及关注孩子点滴进步的重要性。

著名儿童心理学家鲁道夫·德雷克斯曾说：“孩子需要鼓励，就像植物需要水。没有鼓励，孩子的性格就不能健康发展，孩子就没有归属感。鼓励孩子是一个持续的过程，重点在于给予孩子自尊心和成就感。”

当我们在厨房做饭，孩子跑过来要打鸡蛋时，你会不会说“宝贝太小了，等长大点儿再做吧”？当孩子费了九牛二虎之力把鞋子穿好，展示给我们看时，你会不会大笑着说“小笨蛋，左脚右脚穿反了”？当宝宝第一次拿起勺子独立吃饭，却弄得满地饭粒、满身汤汁时，你会不会说“哎呀，衣服都脏了，妈妈喂宝宝好不好”？……

我们这些无心的讲话语气、行为动作，都有可能让孩子感觉到“我不行”“我不如妈妈”“我什么都做不好”……因为小孩子并不具备理性思维，他们的思维和推理模式有时很奇特。

比如妈妈可能只是觉得孩子鞋穿反很可爱，不由自主地笑了，但孩子会以为妈妈在嘲笑他没能做好这件事。还有，担心孩子自己吃饭会弄脏衣服而选择喂饭，也是不懂得鼓励的一种表现，这种过度保护肯定不利于孩子自信心的建立。

总有妈妈跟我说，孩子没自信，连搭积木这么简单的事都说自己不会。当孩子陷入这种状态时，妈妈的鼓励就显得特别重要。比如妈妈可以试着用请教的方式，让孩子帮你搭一个东西，当发现孩子遇到困难时，就假装提个建议，“咦，我想到一个好主意，是不是这样呢”，然后跟孩子一起动手玩。拼搭完成后，妈妈一定别忘记给予孩子积极的鼓励。

慢慢地，孩子的成就感积累到一定程度，就会变成一种叫作自信的品质。

涵涵每次画完画，都喜欢拿给我看，即便爸爸就坐在她身边。因为爸爸每次都是看一眼，然后笑眯眯地说“嗯，画得真好看”，而我会接过画很认真地看，从构图、颜色、细节、想象力等各个方面，抓住某一处闪光点给予赞赏，比如“这个脸画得很像妈妈”“这次的圆圈画得比昨天的圆多了”“这个天空的颜色很有意思”……

孩子虽小，但并不傻，对比之下，她肯定喜欢把画拿给妈妈看。因为妈妈给的是发自内心的赞同，她能明白自己的画好在哪里，真实地感受到来自妈妈的认同感和画画带来的成就感，以后画起来就更卖力了。

认同感，对孩子的影响到底有多大？

美国著名心理学家罗森塔尔曾做过这样一个实验：他来到一所普通中学，在某个班里巡视一圈，然后在学生名单上随便圈出几个名字，以赞许的口吻告诉校长和相关老师，这几个学生的智商很高，前途不可估量。

过了一段时间，罗森塔尔又来到这所中学，奇迹出现了：那几个被选中的学生的学习成绩的确变得比其他学生好很多，而且性格更活泼开朗，自信心更强，求知欲更旺盛，更乐于和别人打交道。

想想我们上学时，何尝不是这样呢？老师的认可是我们前进的最大动力。哪门学科的老师认可我们，我们就喜欢上哪门课，并且学得越来越好。

我们这一代还好，都喜欢鼓励和表扬孩子。不像我们父母那一代，大多数为“打击式教育”，很吝惜对孩子的赞美和肯定，就怕他们骄傲，导致很多孩子因此变得不自信。

知名作家三毛曾因做不出题被老师当众羞辱而抑郁、休学。从此，父亲失望的眼神时刻伴随着她，对她的作品也诸多不喜欢。直到有一天，三毛在《联合报》发表《朝阳为谁升起》，父亲读后一改常态，留下一张字条，表达了自己的赞赏：“这是近年来，你写出的最好的一篇文章，写出了生命的真正意义。”

后来，三毛在《一生的战役》中描述了自己看到父亲字条的心情:“等你这一句话，等了一生一世，只等你——我的父亲，亲口说出来，肯定了我在这个家庭里一辈子消除不掉的自卑和心虚。”常常被打击的孩子，心里很苦，他们一生都在求父母的鼓励与赞赏。

所以，请记住不要只盯着孩子做得不好的地方，你的鼓励和表扬会让孩子变得越来越好。

习得性无助：如何引导孩子逃离失败的“恶性循环”

“挫折教育是不是要让孩子多受一些挫折呀？”在后台留言中，我时不时就会看到类似的话。有这种想法的父母认为，今天的孩子太幸福了，根本不知挫折为何物，如果总是顺着孩子，处处为孩子着想，他们将来就很难适应社会。

其实，这样的理解过于狭隘了。孩子成长的过程，本来就是在磕磕绊绊中前行，根本无须我们刻意制造挫折。况且，并不是孩子遭遇的挫折越多，就会越勇敢。

在孩子遭遇挫折的时候，我们怎样做，才能让他们越挫越勇，积累自信呢？

还记得德国插画家卡罗拉·霍兰德关注儿童心灵成长的经典之作《凯能行！》这本书吗？我想，每个孩子在长大的过程中，都遇到过和凯一样的小麻烦吧：抓不住的杯子、一撕就破的书本、扣错扣眼的外套、双脚穿着不同的袜子、磕磕绊绊的各种伤痕……

每当凯莽撞行事、惹起祸乱的时候，妈妈总会说“你就不能小心一点儿吗”；每当凯做得不够好的时候，妈妈就拿他跟别人家的孩子做比较——“和你一样大的孩子，早就学会做这些事了”……凯就是这样一个让人操心的孩子，妈妈很头痛，他自己也很头痛！

其实，妈妈心里肯定爱凯胜过别人家的孩子千万倍，但是凯感受到了吗？至少他此刻觉得：“我太笨了，我老是做错事情，妈妈说我很烦人……”凯的样子好可怜呀！他的心里一定难受极了。凯已经失去了自信。

不过幸好，凯遇见了一只大灰猫，它用赞扬纠正了凯对于自己的判断。

“你吵嘴的时候很聪明！”

“你救毛毛虫的时候很聪明！”

“你照顾猫咪的时候也很聪明！”

在大灰猫的肯定和鼓励下，凯变得不那么糟糕了，终于重拾了自信心，犯的错误也越来越少了。他觉得自己还不错，甚至是相当棒的！

大灰猫真有那么神奇吗？其实，它只不过比我们大人多了一些耐心、多了一些宽容，更懂得借助安抚和鼓励的巨大推动力。相比某些家长的消极抱怨，大灰猫用一种积极肯定的方式表达了自己的爱与期待，孩子也变得越来越棒。

社会心理学家乔治·米德认为，个体是以他人作为一面镜子，从他人的评价中认识自己的。尤其学前期儿童还没有独立、稳定的自我评价，他们对自己的评价完全依赖于他人，特别是自己生命中最重要的他人，比如父母、老师、爷爷奶奶等。

当孩子做错事或表现得不尽如人意的时候，心里肯定是很脆弱的。这时，我们作为孩子的父母，该怎么做呢？悲观失望？急于纠正？气急败坏？大声指责？不，这些都是不可取也没有必要的。

我们应该做的就是，保持平和的心态，给孩子更多的耐心、安慰和鼓励，帮助他们克服沮丧，建立再次尝试的勇气和信心。当他们有了勇气和信心时，一切困难都是纸老虎，他们只会越挫越勇，越碰壁越成功。

就像陈忻老师在《养育的选择》一书中说的：真正的挫折教育，并不是我们给孩子制造挫折，而是陪伴孩子面对挫折，最终陪着孩子走出挫折。

关于培养孩子的乐观情绪，帮助孩子建立自信心，我们还可以从以下几个方面去努力。

1. 学会正确归因

孩子在成长的过程中会经历各种各样的挫折：拧不开的瓶盖、搭不好的积木、记不住的单词、总是做错的数学题……这个时候，我们对他们的表扬或鼓励、抱怨或斥责，都会形成他们对挫折和失败的归因方式。

归因，是指人们为事件或行为推导原因的过程。简单来说，就是寻找因果解释，探究是什么“因”导致了这个“果”。归因是人类常见的本能，没有理论指导，也不甚周密，并且带有强烈的主观色彩，很多时候是偏颇甚至错误的。

美国心理学家韦纳对行为结果的归因进行了探讨，他把成功或失败的原因分析划分为三个维度：内部原因和外部原因、稳定性和非稳定性、可控性和不可控性。

比如小亮期中考试考了全班倒数第一，他就会对这次考试结果进行归因：内部原因和外部原因——是我自己没复习好还是这次考试题太难了；稳定性和非稳定性——我考倒数第一是常态还是偶然；可控性和不可控性——我能否通过自己的努力来改变“倒数第一”这一结果。

如果小亮把“考倒数第一”这一结果归因为内部的、稳定的、不可控的，他就会感到迷茫没有方向，失去学习的动力；相反，如果他将其归因为外部的、不稳定的、可控的，他就会迅速调整好自己的心态，更加努力地学习，争取下次考个好成绩。

作为家长，我们可以通过言语引导帮助孩子建立积极进取的归因方式。比如让孩子将自己的失败（考了全班倒数第一）归因于外部的不稳定因素（学习不够努力），而不是归因为内部的稳定因素（自身能力不足）。这样就可有效保护孩子的自尊心，使孩子即使失败也不至于失去奋起直追的勇气和动力。

2. 不包办、不代办

哈佛大学的研究人员曾用七十五年的时间跟踪了几百名美国人的生活，结果发现，成功的人生居然跟“从小做家务”（即掌握生活技能）有关系。

心理学家的解释是，学习生存技能，能让孩子获得对生命的掌控感，避免“习得性无助”（是指通过学习形成的一种对现实的无望和无可奈何的行为、心理状态）的发生。

想想孩子的成长经历，确实是这样。第一次自己穿好鞋子，第一次成功爬上沙发，第一次自己扣上扣子……孩子就是在生活中一次次的小成就里积累了“我能行”的掌控感，从而凝聚成一种叫作自信的气质。

3. 让孩子独立并不等于放任不管

美国心理学家马丁·塞利格曼曾说过：“不用多，十次挫折就足以让一个孩子产生习得性无助。”

还记得绘本故事《汤姆骑自行车》吗？小兔汤姆在学骑自行车的过程中，摔倒，爬起，又摔倒……在爸爸的支持与鼓励下，汤姆经过不断练习，终于学会了骑自行车。

孩子成长中的很多事情和骑自行车一样，需要摔倒才能学会。但就像爸爸说的：“你一旦学会了骑自行车，就永远都不会忘记。”

当然，和学骑自行车的汤姆一样，孩子人生的每一种经历都不应该是孤独的，父母要陪在身边，多给予积极的力量。特别是孩子遭遇挫折时，父母最好能够在他背后轻推一把，让他顺利渡过难关。

我们要培养孩子的抗挫能力，是希望他能够独立解决问题，保持乐观心态，而不是让孩子无助，更不是让孩子怀疑自我。

4. 不要对孩子期望过高

我们可以鼓励孩子跳出舒适区，去尝试一些具有挑战性的任务，但不能期望过高，要注意目标的可实现性。如果孩子付出很多努力依然做不好（因为生理、心理、认知等还没有发育到那个水平）成为一种常态，也会造成习得性无助，自我效能感低，对自己完成任务的能力持怀疑和不确定的态度，遇到困难就想逃避、放弃。

所以，想让孩子从小建立自信，摆脱习得性无助，我们需要做的是：

· 多给予孩子积极的关注和鼓励。表扬孩子的努力而不是一味夸他聪明，表扬具体的细节而非千篇一律的“你真棒”……面对成功和失败，学会正确归因。

· 让孩子多做一些力所能及的事，包括家务，多体验“我能行”的掌控感。

· 放手，让孩子独立成长时，我们要站在旁边，适当助推一下，而不是放任自流，让弱小无助的他独自面对一些可能不符合他年龄段的挫折。

· 给孩子以恰当的期望。因为过高的期望会使孩子产生压力，带来挫败感和失落感，不利于孩子的成长。希望家长们能给予支持性的期望，从而使孩子变得更加自信、自强。

审美敏感期：孩子，你可以“臭美”

最近有个妈妈私信问我：“涵涵妈，我家孩子越来越挑剔了，吃个饼干非得要完整的，缺一点儿都不行；有斑点或不太红的苹果一口都不吃；尤其早上起床挑衣服，说不穿哪件就不穿，怎么说都不行……事事都依着会不会把孩子惯坏呀？”

其实，妈妈大可不必焦虑，这些都是孩子进入“审美敏感期”的正常表现。

孙瑞雪老师在《捕捉儿童敏感期》里写道：“审美的敏感期是螺旋式发展的，从对吃的东西要求完美、完整，到对所用东西要求完美、完整，再到对自我的形象要求完美，最后上升到对环境、对内在气质、对艺术品质追求完美等。”

审美敏感期有大致的标准期，通常发生于两岁半至五岁之间的孩子，但也会因孩子的身心发展、养育环境的不同而有所差异。

这个阶段的孩子会变得十分挑剔和敏感，对事物都有自己的标准和要求，一旦被打乱就会发脾气、哭闹。尤其是女孩子，会对自己的衣着打扮产生浓厚的兴趣，偏爱公主裙、高跟鞋甚至妈妈的化妆品。男孩子则表现为不再同意剃光头，并酷爱某种卡通图案。

孙瑞雪老师曾指出，吃维系着孩子的生命，所以他们最初的审美是从食物开始的。比如是不是完整的、是不是最大的、是不是最好的……这并不是孩子贪婪虚荣，也不是孩子没有“孔融让梨”的精神，而是因为他们的“审美敏感期”到了。在他们看来，只有完整的东西才是完美的。

涵涵两岁多的时候，有一天早上，我从外面买了包子回来，掰成两半，放在盘子里。洗完脸的涵涵从卫生间出来后，一看到被掰成两半的包子，就哇哇大哭起来。直到我重新拿出一个完整的包子递给她，她才渐渐止住了哭声，坐到自己的凳子上吃起来。

慢慢地，儿童审美的注意力就会从对吃的东西要求完整、完美过渡到对用的东西要求完整、完美。比如纸张不能有豁口、不能有折痕；衣服上不能有饭粒、不能有水渍……

有一段时间，涵涵在纸上画画，一笔画下去没有遂愿，就会果断扔掉。大人可能会觉得，只是一笔没画好而已，完全可以在旁边接着画嘛；正面用完了，反面也别浪费呀。但处于审美敏感期的孩子可不这么认为，他们只会觉得这张纸被画错一笔，不完美了，不能用了。

对此我的建议是：追求完美是正常心理，家长请理解和尊重孩子的执拗，尽量提供完整、完美的食物或物品。因为在一个两岁多的孩子心里，他认为一个完整的包子才叫包子，一张没有任何污渍的白纸才能进行绘画……

“当儿童把高度的审美透过外在事物完善之后，就会回到自己的身上，对自己的身体以及和自己有关的事物产生强烈的兴趣。”孙瑞雪老师如是说。

涵涵上幼儿园时，关于每天给她穿什么衣服，我与小家伙发生过不少争执。后来，我索性每天早上打开衣柜，让她自己选。但她总是会拿出一些不合时宜的衣服，比如深秋的下雨天拿出一件漂亮的蕾丝裙，还非要光着腿穿，说是漂亮。我苦口婆心地好话说尽，人家仍旧是一意孤行。

如果我在秋冬穿裙子而没给她穿，那她就更来劲了：“妈妈，你怎么给自己穿裙子，不给我穿呀？是不是想把自己打扮漂亮，把我打扮丑呀？”我要是买一双新高跟鞋回来，她绝对会爱不释手地先摸上好几遍，再穿上鞋子满屋子转悠。尽管穿着特别不方便，她依然是满脸的兴奋，还时不时看看我的表情。

后来，涵涵的“爱臭美”行为升级了，开始拿着我的化妆品，自己偷偷涂口红和画眉毛，而且在镜子前一坐就是十几分钟。于是，她五岁生日那天，我送给她一套儿童专用化妆品。但为了安全起见，“臭美”完之后，我还是会让她洗掉。

爱美之心，人皆有之，追求美也是孩子们的权利。看到孩子爱美、追求美的行为，家长千万不要乱贴标签，用“不正常”“怪异”等词语来评价他，而应该迎合他的内心感受，充分尊重孩子的审美，尽量满足孩子的需求，把选择美的权利交给孩子。

比如涵涵穿着漂亮的裙子在我面前走来走去，我会夸奖说：“涵宝穿上这件裙子就像一位可爱的小公主。”涵涵想涂指甲油，我就给她买了儿童专用指甲油。她涂好后，见人就抬起手“炫耀”一下，非常开心。如此一来，孩子就会很开心，也比较容易顺利度过审美敏感期。

当然，家长在尊重孩子追求“外在美”的同时，更要偏重对孩子进行“内在美”的培养。比如看到快递员满头大汗地送快递、清洁工仔细清理落叶，我会大加赞美：“好勤劳的叔叔阿姨啊，认真工作的人最美！”看到小朋友打人、咬人、说脏话，我也会当成反面教材，告诉涵涵这么做不对。

总之，孩子在审美敏感期内出现的这些行为，如果能够被家长适当引导，而不是被贴各种不好的标签，那它们最终会内化为孩子审美和文化的一部分。审美能力才是孩子一辈子的教养，才是家长送给孩子最好的人生礼物。

“审美的敏感期不仅是儿童对美的感知，也是他们情感和认知发展的重要部分。通过与美学元素的互动，儿童可以发展其观察能力、情感表达和创造力。此外，这也是他们学习如何欣赏和创造美好事物的基础，对他们长大成人后的艺术欣赏和个人审美有着深远影响。”孙瑞雪老师在《捕捉儿童敏感期》中写道。

作为家长，我们该如何从小培养孩子成为一个内心充盈、懂得审美的人呢？

1. 经典启蒙绘本实乃艺术品

绘本是一种适合低幼儿童阅读的图画书，以图画为主、文字为辅，甚至完全没有文字而全是图画。从美学的角度来说，绘本是一部精美的作品，具有艺术性和文学性的审美特质，能让幼儿在阅读中提升艺术审美情趣和感受美的能力。

尤其是经典绘本，其创作者通常都是大师级的人物，他们深谙幼儿心理，将精美的绘画和优美的文字相结合，呈现给孩子美好的故事。

从小“喂绘本”长大的孩子，在画画方面通常很有天赋，因为美的东西见多了，自然就浸润在骨子里了。

2. 多带孩子看画展、儿童剧等，接受艺术熏陶

国画大师、美术教育家徐悲鸿的儿子徐庆平先生当年留学欧洲，参观卢浮宫时看到了令他无比震惊的一幕：

当时，有一群七八岁的法国孩子在老师的带领下和他一起探访这座艺术圣殿。进入一间建筑模型展厅后，徐庆平听到老师对孩子们说：“你们要仔细观察，明天上课时轮流讲一讲，希腊罗马式建筑的美和哥特式建筑的美有什么不同。”

徐庆平先生深切地感受到：“一个伟大的民族一定是一个懂得审美的民族，而一个人如果不懂得审美，就不是一个完全的人，是一个有缺陷的人。”

所以，周末或节假日，我们要多带孩子参加艺术活动，比如看画展、听音乐会、欣赏演出等，多让孩子接受艺术方面的熏陶和培养，以提高孩子对艺术的鉴赏力和对美的领悟力。就算孩子现在看不懂也无所谓，总有一天他会顿悟的。

3. 带孩子感受自然之美

著名舞蹈家杨丽萍，这位人间仙子以原生态为灵感，自编自演的女子独舞《雀之灵》震撼大江南北。

大自然蕴藏着无尽的宝藏，是培养孩子健康审美情趣的天然课堂。玩泥巴，跳水坑，捡石头，听鸟叫……甚至什么都不做，一切交给大自然就好。

所以，家长要经常带孩子到大自然中玩耍，爬山、徒步、露营，看小草萌发、百花盛开，让千姿百态的自然景象陶冶孩子的审美情趣，开阔孩子的眼界。一个人走过的路、遇见的风景都会藏进他未来的气质和修养里。

4. 规范孩子的言谈举止

文明礼貌是人际交往中尊敬他人的表现，也是孩子良好修养的重要体现。一个端庄大方、举止得体的孩子，在赢得别人的认可和尊重时，也会对自己的生活、学习和工作产生积极的影响。

所以，家长在日常生活中要特别重视对子女进行文明礼貌教育。比如跟孩子一起接待客人，让孩子在亲身体验中学习待人之道；教孩子掌握礼貌用语，不说粗话等。

知名诗人、画家蒋勋曾说过，美是未来社会最大的竞争力。在这个吃得好、穿得暖的时代，审美将是拉开你和他人内涵差距的重要因素。美，是一种看不见的竞争力。

家长在儿童的审美敏感期内，尊重孩子的审美需求，提供合适的物品，并适当进行引导与教育，将事半功倍，影响孩子的一生。

这些小小的仪式感，带给孩子大大的幸福力

有个朋友曾对我说，很羡慕我有个注重“仪式感”的好妈妈，过年有新衣、过节有大餐，而他的家里连除夕夜都跟平常一样，照常关灯睡觉，守岁什么的都是不存在的。以至于长大后，就算去参加面试，他也不觉得应该区别对待，随便穿件衣服就去了。

有了涵涵后，我也是尽量给孩子充满仪式感的养育。

有一年圣诞节，当涵涵充满期待地从床头的长筒袜里拿出“圣诞老爷爷”送来的一套儿童化妆品时，兴奋得跳了起来，那是她期盼已久的礼物。看着涵涵灿烂的笑容和浑身洋溢着的幸福感，我心里也乐开了花。

仪式是什么？法国童话《小王子》中的小狐狸曾说：“仪式就是，使某一天与其他日子不同，使某一时刻与其他时刻不同。”日本著名作家村上春树说：“仪式是一件很重要的事情。”

在平淡如水的日常生活中，父母用心安排的一些小小仪式，会带给孩子足够的欣喜感与信任感，让孩子感受到被爱而幸福，从

而也拥有爱人的能力。在那些需要认真对待的重要时刻，孩子也会习惯性地郑重其事地应对。

01　注重仪式感的家庭，孩子更自信

涵涵上幼儿园中班时，有一天，老师发来一段话，让我真切地意识到生活中的仪式感对孩子来说是多么重要。

今天早上做操时，涵涵来了，她老远就敞开外套凸个肚子，当时我真没有在意和多想。吃过早饭，我对孩子们说："宝贝们，咱们最近排练的节目，下午就要参加电视台录制了。"孩子们听了都很兴奋，尤其是涵涵，脸上洋溢着欢快幸福的笑容，还给身旁的小朋友展示外套里面的小裙子。我这才恍然大悟，因为今天要上电视，妈妈特意给她穿了新衣服，而她一大早敞开外套，就是想让我夸夸她的新衣服。

最让我感动的就是老师那句"脸上洋溢着欢快幸福的笑容"。在孩子的成长中，只要我们多一点儿用心，就会给他们多一份丰富和动人的体验。

为了这次节目录制，我专门给涵涵买了一件米白色的公主裙，还有一双小红皮鞋。我想，当涵涵穿上新衣服和新鞋子站在镜头前，她小小的内心一定是充满庄严感和自豪感的。一个看似微不足道的举动，就能让孩子自信满满地完成一件事情，并成为孩子童年最美好的记忆。

想想也是，我们穿着牛仔裤听音乐会的感觉，肯定和穿着小礼服的感觉是不一样的。而且，当涵涵看到自己身上的新衣服时，相信她能感觉到妈妈的爱与关怀，内心的幸福感和安全感也会更加强烈。

心理学研究表明，孩子的身心成长需要一定的仪式感。其实，这个小小的仪式就是一种强烈的自我暗示，让自己的注意力更集中，用心去做好这件事。

在孩子每个年龄段的成长中，妈妈一个小小的心思，可能会给孩子带来翻天覆地的变化，能让一个内向的孩子敢于去表达、去表现自己，因为妈妈的爱与他同在。

02　有仪式感的日子让人记忆深刻

结婚后，我才发现老公竟然都不知道公公婆婆的生日是哪天。原来，他们家从来没有过生日的习惯，不管是大人还是孩子。生日对于家里的每个成员而言，是再平常不过的一天，没有礼物和祝福，也没有任何的庆祝仪式。

跟老公相比，我真的感觉自己无比幸福。虽然我生在农村、长在农村，妈妈也是一个地地道道的农村主妇，但她却是一个比较讲究的人。从我记事起，家里每个人过生日，妈妈都会煮一个鸡蛋，或者做一碗面条。

记得有一年我生日，家里没有买菜的钱，妈妈就用仅有的一点儿青菜给我做了一碗酸汤面。我至今都记得那碗酸汤面的味道，它是我吃过的最美味的美食。如今想来，大概是那碗面里凝聚着一个妈妈全部的爱吧。

小时候，家里条件不是很好，妈妈总是用能弄到的东西变着花样给我们做好吃的，还给我扎各种好看的小辫子。没钱买新衣服，妈妈就学着用旧衣服改造成各式小衣服和裙子，把我们的生活打理得有滋有味。

记得初中开学那天，我穿了一条妈妈用自己的旧裤子改做的喇叭裤去上学，连学校的老师都夸那条裤子很漂亮，一股自豪感油然而生，极大地增强了我的自信心。

可见，仪式感对孩子来说是多么重要，它不仅能带给孩子更多美好而深刻的记忆，还能让孩子有满满的自信心和认同感。

正是妈妈教会了我如何热爱生活，如今已为人妻、为人母的我，记得家里每个人的生日，从孩子到老公，再到公婆，我都会精心准备一份礼物。那小小的惊喜里隐藏的小小心意，家人肯定能感受到，既升华了彼此之间的感情，又增强了家庭凝聚力。

03　仪式感，让生存变成生活

生活需要仪式感。张爱玲曾说过："仪式感能够唤起我们对内心自我的尊重，也让我们更认真地去过属于我们生命里的每一天。"村上春树说："如果没有这种小确幸，人生只不过是干巴巴的沙漠而已。"

是啊，如果生活少了仪式感，那几十年如一日的生活，大概味同嚼蜡吧。生活就摆在那里，过成什么样，全靠我们自己。

其实，各种小小的仪式，不需要铺张浪费、大办特办，也没有有些人想象中那么麻烦，朴实温暖、用心走心就好。比如在节日或者重要纪念日等特别的日子里照一张全家福，让幸福瞬间定格；每天出门前跟孩子拥抱或者临睡前说一句晚安……

仪式感是我们热爱生活、尊重生活的印记，它就像生活里的调味料，总能神奇般地让今时与往日不同，总能让生活更加多姿多彩，总能给孩子留下更多美好的记忆。

仪式感是生存与生活的界限。它让生活成为生活，而不只是简单的生存。

第四章

自励情商

——有远见的父母，都带点“绝情”

你替孩子避开的风险，生活都会如数奉还

涵涵三岁多的时候，有一天，我们带她去公园玩滑滑梯。滑了几次后，她就开始顺着弹簧形状的攀爬架往上爬，爬到最后一步时，她大喊：“啊！妈妈，我要掉下来了。”

其实，涵涵并没有踏空的危险，她只是不知道该怎么办，下意识地往下一看，心里紧张了而已。

涵涵爸赶紧跑过去：“来，爸爸保护你！两手扶住攀爬架的杆，一只脚先踩在滑滑梯上面，然后慢慢转身，另一只脚跟上……”在爸爸的耐心指导下，涵涵顺利“登陆”，开心得跳了起来。带着无比雀跃的心情，涵涵又成功攀爬了两三次。

一个跟涵涵差不多大的小女孩跑过来，也想试试这个攀爬架。可是，小女孩有些胆怯，涵涵就自告奋勇地说：“我告诉你怎么爬，好不好？”小女孩的爸爸跟过来，简单交代几句后，她也顺利爬上去了。涵涵立刻鼓掌祝贺，小女孩兴奋的小脸上溢满了成就感。

听到这边的鼓掌声，一个跟她们同龄的小男孩被吸引过来，

也要爬。小男孩的性格有点腼腆，胆子小，从第一级开始，他妈妈就紧紧地扶着他的腿。只见小男孩的双手紧紧地抓住攀爬架，双腿在妈妈的护送下一级一级地向上爬。爬到最高一级时，小男孩的双腿抖得厉害，实在不敢转身，妈妈就把他抱下来了。

我想，如果小男孩的爸爸在场，并且不像妈妈那么紧张，小男孩是不是也会成功爬上去呢？

之前，涵涵爸带涵涵玩滑滑梯时，我也是一万个不放心，总觉得男人粗心、孩子太小，生怕他保护不周。可后来我发现，涵涵跟我在一起时胆子很小，跟爸爸在一起时胆子相对较大，敢尝试一些挑战性的游戏，于是我果断选择了放手。

因为我觉得自己的不安全感会传染给孩子，当我全身的表情都在告诉她"这个不安全，你会摔下来"时，涵涵自然就会变得畏首畏尾，啥事都不敢尝试。就好比那个小男孩，妈妈比他还紧张，他选择退缩也是意料之中的事。

给孩子安全感，并不是指家长时时刻刻跟着孩子，千叮咛万嘱咐地提醒他注意安全，细心周全地保护着他，而是默默地站在孩子的身后，待孩子需要时能够及时出现。

家长越是过度保护，孩子越是没有自我保护的能力。你不可能代替孩子成长，更不可能保护他一辈子。你现在替孩子避开的那些风险，有朝一日生活会如数奉还。

在美国蒙氏幼儿园的一堂实践课上，十几个三四岁的小朋友聚在一起，用玻璃水壶往自己面前的玻璃杯里倒水，等玻璃杯装满后，再倒空，重新装，如此反复，直到玩够了，自己端着玻璃托盘把水壶和水杯放回原处。

这堂课旨在锻炼孩子的专注力和协调能力。用易碎的玻璃器皿的初衷，就是给孩子制造有一定风险的环境，让他们处在危险之中，学习遇到玻璃器皿摔坏时该怎么应对、怎么保护自己。

那我们的孩子呢？有多少人知道危险来临时如何保护自己？

前几天，涵涵奶奶来我家，看见涵涵在玩剪纸，就长篇大论地对我们进行了一番安全教育，重点就是坚决不能让孩子玩剪刀。这让我想起了之前曾看过的一则新闻报道：

两个八岁左右的孩子一起写作业，其中一个孩子不小心把铅笔戳进了另一个孩子的头部。奶奶看见了，惊慌失措，抬起手就要拔掉铅笔。被戳的那个孩子拦住奶奶，说不能拔，要等医生来了再拔。最终，因为处理得当，那个受伤的孩子得到了及时抢救。

与其一味地教孩子如何规避危险，不如教会他们应对危险的正确方式。这才是保护孩子最好的办法。

我们总是觉得孩子还小，很多事情都不会做，需要我们的帮助和保护。其实，孩子远比我们想象的要坚强、能干得多。比如在孩子入园引发的分离焦虑这件事上，他们就比我们淡定得多。

记得涵涵入园的第一天，老师牵起她的小手，温柔地对她说“跟妈妈说再见吧”，她特别乖巧地冲我挥挥手，淡定地说：“妈妈，再见！你去上班吧！”一点儿没有传说中的入园焦虑、哭天抢地。

反倒是我，自踏出幼儿园的大门，就一直在惴惴不安中度过。直到老师发来涵涵在幼儿园玩耍的视频，我才放下心来。突然觉得有点自惭形秽，我竟然不如一个孩子坚强，更没有她那么淡定。

父母对孩子真正的爱，既是一种保护，也是一种剥离，而后者意味着子女的独立。正如英国著名心理学家西尔维亚所说："世上所有的爱都以聚合为最终目的，只有一种爱以分离为目的，那就是父母对孩子的爱。"

可见，父母真正成功的爱，不仅在于情感的付出、关心和照顾，更在于主动割舍，给孩子一片自主的天空，让孩子作为一个独立的生命个体，以独立的人格面对世界。父母放手越早，孩子就会越早走上独立之路。

有远见的父母，都带点“绝情”

人无远虑，必有近忧。做父母也是这样，如果只考虑眼前的自在，后面可能就会出现很多麻烦。

01　适时放手

涵涵的英语班已经开课一个多月了，但有个小女孩每次上课依然让妈妈陪着。在课堂上，她也只是看着老师和其他小朋友互动，一点儿参与的意思都没有。特别是她回答不上老师的问题，或者拒绝跟小朋友互动时，她总是回头用委屈的眼神看看自己的妈妈。

记得涵涵第二次上英语课时，我就跟她商量，留她一个人上课，我在外面等。旁边有个小男孩安慰涵涵说：“没问题的，我妈妈都回家给我做饭了。”虽然小男孩说这句话的时候，流露出了对妈妈的不舍，但更多的是独立上课的自豪感。

那次英语课快下课时，老师让家长们进班，交代英语作业。

我看到涵涵得了好多小星星，内心特别兴奋。大概没有哪个父母看到孩子表现优秀而不激动的吧！而且老师跟我说，涵涵主动举手，上台给大家讲了《三只小猪》的故事。

回家路上，我们碰见了她在英语班的同学，涵涵非常高兴地跟我说："妈妈，那是我的新朋友，她说我讲故事好，要和我做好朋友。"真没想到，留她一个人上英语课的效果这么好。

可见，关于孩子学习这件事儿，我们还是不要介入太多，适时引导，主动权交给孩子就好了。开新课的前几次，我们陪着孩子，可以给他带来安全感。当孩子慢慢明白上课没什么可怕的时，我们就该退出了。这样，孩子才不会分心，才会更加独立且畅快地表现自己。

02 不要去打扰孩子

上周末，我带涵涵做陶艺 DIY（Do it yourself，自己动手做）。旁边有个三岁左右的小女孩正在认真做一个容器，只见她一只手扶住坯体，另一只手放在坯体内往外推。可能是因为她年龄有点小，跟不上转盘的速度，尝试了三次都没有成功。

小女孩的妈妈不耐烦了："妈妈肚子都饿扁了，我们一起做吧。"说着，妈妈就用自己的手抓起孩子的手，做了起来。果然，妈妈比小女孩技术熟练，不到五分钟就做好了。但我却看到了小女孩眼里的失落和委屈。

意大利著名教育家蒙台梭利有句名言："除非你被孩子邀请，否则永远不要去打扰孩子。为孩子打造一个以他们为中心，让他们可以独自‘做自己’的‘儿童世界’。”苏联著名教育家苏霍姆林斯基也说：“儿童成长过程中应尝试做的事情，就该让他们自己去做，给孩子一个自由发展的环境，帮助孩子更好地成长。”

很多家长发现，孩子上小学或升中学后，上课和写作业时总是注意力不集中，然后就开始抱怨为啥自家孩子的专注力如此之差。原因就在于，孩子小时候玩耍时总被大人不停地打扰。

其实，专注力并不需要刻意培养，最好的方法就是“不打扰”。很简单，但也很难做到。因为我们总是担心孩子一个人玩会无聊，总是担心孩子是不是口渴了、是不是该吃点水果了，或者自己觉得孩子这样不对、那样不行，总是忍不住打扰他。

父母都有一颗爱孩子的心，但是爱的表达多种多样，给孩子适当的独处时间，也是每一位家长需要学习的爱的方式。能独处，孩子才会专注。

有的家长还发现，孩子在学习上没有积极性，不想学习，也不爱主动问为什么。那是因为我们曾经的过度保护束缚了孩子的自由发展空间。比如，为了不弄脏衣服就给孩子喂饭，为了避免划伤而不准孩子玩剪纸，等等。

正是这些表面上看似“为孩子好”的行为，扼杀了孩子最初萌生的好奇心和求知欲，浇灭了孩子探索未知世界的热情和兴趣。

人都是有惰性的，父母帮孩子做得越多，孩子的独立性就越差，不仅懒得做家务，懒得收拾房间，甚至会懒于思考。所以，家长要学会放开手，在安全的范围内，给孩子独立的空间去感受和接触新事物，锻炼独立能力。

03 旁观也是一种爱

有段时间，涵涵特别喜欢给我讲故事。有一次，她给我讲《猜猜我有多爱你》时，落下了好几句没讲。我就忍不住打断她给予提醒。后来我才意识到，我自以为善意的提醒，实际上却打扰了她讲故事的思绪，并有可能浇灭她讲故事的热情。

说到底，父母这种“为孩子好”的背后，多多少少有满足自己内心需求的成分。比如我打断涵涵，提醒她落下的那几句，从心底来说，就是为了满足自己过分追求完美的心理。

我们害怕别人说自己不是好妈妈（好爸爸），我们觉得孩子应该按照自己认为正确的既定想法来，等等，这些都是父母满足自己内心需求的表现，而不是站在孩子的角度为他考虑。

其实，旁观也是一种爱，而且是一种更具智慧的爱。我们只要站在孩子的背后，不干涉，不好为人师，默默等待孩子的求助就好。至于如何探索世界，那是孩子自己的事。

要知道，在孩子的人生路上，父母永远是引导者，而不是主导者。

聪明人都在用笨办法，因为那才是捷径

在网上曾看到一句话：“聪明的人都在下笨功夫，愚蠢的人却在找捷径。成功从来没有捷径，偷过的懒，都会在以后的岁月里尝到苦头。”

最近在妈妈群里聊天，我发现大家都非常焦虑，且焦虑的大多数妈妈并非什么都不懂的新手妈妈，而是知道方法，也有实际行动，就是未能坚持。

纵观我身边的很多真实案例，凡是遵循某一套育儿理论，坚定不移地执行下去的妈妈，孩子在两年后都有了不小的进步；而那些一直在寻找好方法的父母，孩子的进步却并不明显。

有一次，涵涵幼儿园的老师说，涵涵认识好多字，我自己听了都大吃一惊。虽然我们坚持了四年多的绘本亲子阅读，但我从未刻意教涵涵认过字，连指读都不曾有过。那么，涵涵到底是什么时候认识了这么多字的呢？

直到那次整理家里的书架，涵涵帮我念书名，我分门别类地

录入电脑中，以便想看某本书的时候能够快速找到，我才真正意识到，这个五岁半的小家伙确实认识了不少字。

有一次，我跟一位小学语文老师聊天。她说，小学一二年级时，认字多的孩子的语文成绩特别突出，但到了三年级，阅读量大的孩子就会反超了。因为孩子像背诵乘法口诀或者符号一样，靠死记硬背认识的汉字，和孩子通过大量阅读自然而然认识的汉字，两者是有本质区别的。

对于孩子来说，阅读理解能力是一项很重要的学习力。但孩子的识字量大，不代表其阅读理解能力就好。为什么同样一本书，每个孩子读完之后的收获都不同，或许就是这个原因吧。

所以，孩子通过神奇的识字班短时间内掌握很多常用汉字，看似走了捷径，其实不然。在接下来的日子里，孩子需要费更大的力气去还过去欠下的“阅读账”。当我们沉下心来，不再想着速成时，反而会收到意想不到的效果。

熟练掌握任何一门知识或一项技能都需要大量时间的学习和练习。正如美国心理学家安德斯·艾利克森在其著作《刻意练习》中所写：“一个人要在某个领域成为顶尖人物，需要经历漫长的刻意练习。”

艾利克森强调，这里所说的“刻意练习”，并不是指简单重复的练习，而是突破一个人的舒适区，有目标、有方法地去练习。

我们都知道，大量阅读和积累是写好文章的重要基础。但高中时期那个连吃饭都会捧着一本书看的女生，为什么写篇作文那么难？很有可能她看的都是一些没有写作手法和精彩片段可学习的言情小说。

我上初一时，语文成绩不错但作文不怎么突出。初二暑假，我开始看《新概念作文大赛获奖作品选》等同龄人写的优秀作文或者满分作文。慢慢地，我又迷上了国内外经典名著，揣摩名家的写作手法，积累经典好词好句好段。到初三的时候，我的每篇作文几乎都是课堂范文了。

同样地，当你还在纠结“为啥我的孩子不愿意坐下来看绘本，他是不是不爱读书”时，那些不管孩子愿不愿意听，都坚持每天半小时读绘本的父母，他们的孩子已经从最初的每天认真听两三分钟到现在能够专注听故事二三十分钟了。这些孩子不仅会看图说话、自己编故事，还会推理想象，出谜语考家长了。

关注英语启蒙的父母应该都听说过廖彩杏、安妮鲜花、盖兆泉等英语启蒙界的大咖吧？他们在观念、书单上各有千秋。那些把几位老师的书都翻烂了，还是拿不准该听谁好的家长，一直徘徊在寻找最好的英语启蒙方法的路上。而那些在对比后果断选定一位老师开始着手英语启蒙，并在学习的过程中根据实际情况调整方法和路线的家长，他们的孩子已经积累了不少词汇，开始英语输出了。

美国最受推崇的商业记者之一杰夫·科尔文认为，普通人通过大量刻意练习超过同龄人，得到夸奖后获得更大动力去继续刻意练习，从而进一步扩大自己的优势——天才就是这样产生的。

你看，学习并没有捷径，有目标、有方法地刻意练习，这个看似最笨的方法，却是最有效的捷径。

“一个人就算没有背景，只要他肯努力，三十五岁开始就是收获期了。”我以前的一位老领导——张院长经常这样说。

张院长是个精力充沛的人，因为医术高明，经常被邀请到合作医院去做手术，或者被邀请出席行业顶尖论坛做演讲。他常常是开几个小时的车到达目的地，休息片刻就上手术台或演讲台，从未出过错。

张院长很忙，但坚持每天看书学习到半夜一两点才睡觉，第二天照样神采奕奕，精神饱满。除了医学，张院长对摄影和天文也很有兴趣，并且在这两个领域均有一定的成就。我一箱子一箱子地买不同类别的书看，就是跟这位老领导学的。

在张院长身上，我看到了曾国藩的影子。那个七次才考取秀才的政治家，也许天赋不如左宗棠、李鸿章，但他能够沉下心来，不钻营权术，不研究为官之道，只是将手中的工作认真做好，尽职尽责。这种不追求捷径的笨方法，反而成了曾国藩升迁之路的最大捷径。他在京城做官的时候，实现了十年七迁，连升十级。

真正聪明的人老老实实用笨办法一点点地实践着自己的目标，做着做着就实现了。世界从来不会辜负认真努力、脚踏实地的人。那些看起来毫不费力的成功，背后必定有一种“笨方法”在支持。

聪明人都在用笨方法，愚蠢的人都在找捷径。希望为人父母的我们能看清本质，不再焦虑纠结，积极行动起来，找对方法并坚持下去。

妈妈会“示弱”，孩子更出色

现实生活中，有很多妈妈天生就爱操心，是无所不能的“超级妈妈”，孩子的大事小事都喜欢亲力亲为、大包大揽，以至于每天累得喘不过气来，一边埋怨着老公的“不作为”，一边继续着自己的“为母则强”。可是，这样做真的好吗？

01　父母双方要各司其职

一个初中同学得知我在学心理学，便来咨询困扰了她多年的问题：她从小就教育儿子要勇敢、流血不流泪，可儿子却没能如她所愿，变得胆小敏感又自卑，寡言少语。这到底是怎么回事呢？

其实，我这个女同学在上学时就是女汉子型的，结婚后更加强势，家里大小事都由她做主。用她的话说：“我也不想霸道，可我老公唯唯诺诺，没有主见，担不起事儿啊。”儿子出生后，她特别不希望儿子像老公一样，缺乏男子汉气概，谁知道怕什么来什么，儿子活成了她最不想看到的样子。

因为我跟她老公是高中同学，所以偶尔同学聚会时会聊上几句。几杯酒下肚之后，她老公总会很无奈地说道:“她控制欲太强了，嘴巴又厉害，特别喜欢在家里说一不二，我做什么她都不满意，那就让她管家好了，省得落埋怨。”

他们的儿子从小就生活在“女强男弱”的家庭氛围中，妈妈说话更具权威性，爸爸处于依附地位，这直接导致儿子同样不重视爸爸，并想当然地认为所有男性和爸爸一样，在家里是没有地位的。

美国社会心理学家马斯洛的研究发现，当人的生理需求得到满足（即吃饱穿暖）后，心里最大的渴望是爱与归属感。对于孩子来说，他们最大的渴望就是与爸妈联结的归属感。

孩子这种联结的归属感往往会通过和父母做同样的事情来实现，于是，他们就会在不知不觉中模仿父母的行为。当父母中的一方排斥另一方时，孩子的心里就像自己内在的一半否定另一半，必然会对身心产生不良的影响。

比如当妈妈嫌弃爸爸的性格软弱时，孩子表面上会听妈妈的，因为他要与妈妈保持这种联结。但可能连孩子自己都不知道，在他的潜意识里，自己会越来越像爸爸，因为他同样需要和爸爸建立联结。

因此，只要父母双方各司其职，孩子在潜移默化中自然会形成性别角色认同，而不是靠某一方一味地强调。

02　给爸爸留出单独陪孩子的时间

涵涵三岁之前，涵涵爸因为工作的原因，几乎没在我们身边陪着。在养育孩子方面，他肯定没什么经验。

记得涵涵爸刚回到西安那会儿，他一个人领着涵涵出去，我都不太放心。我总是想：过马路时，他会不会牵着宝宝的手呢？会不会按时给宝宝喝水呢？特别是前段时间，他因为给涵涵穿错衣服，导致孩子生病，我对他就更不放心了。

后来，我才意识到，每个人都需要有一个学习的过程。如果我像老母鸡似的把涵涵护在自己的羽翼之下，她就会越来越黏我，更加害怕跟我分离。相反，当我逐渐放手，把她交给爸爸带，我发现，之前从不主动要求爸爸抱的她，竟然开始在爸爸的怀里撒娇了。因为有了爸爸的陪伴，涵涵变得胆大自信了，涵涵爸也越来越懂得如何与小孩子相处了。

03　妈妈要学会适当示弱

强势的妈妈会给爸爸带来极大的压力，同时也会给孩子带来不利的影响，反而是懂得示弱、懂得放手的妈妈，对孩子的成长更有帮助。所以，在适当的时候学会示弱，是每一位妈妈的必修课。

1. 巧妙提问多启发

当我们跟孩子一起走路或者一起读绘本时，如果孩子提出问题，我们不要急着回答，可以鼓励孩子先自己思考一下。这对于孩子的逻辑思维和语言表达都是极为有益的。

通常，孩子三岁之前的问题以“是什么”为主，这时候的宝宝因为语言表达能力有限，妈妈可以多回答。孩子三岁之后，语言表达能力强了，提出的问题也会深奥、复杂一些，比如小猫为什么会长胡子？兔子的耳朵为什么特别长？狗狗为什么要嗅来嗅去？……妈妈不妨耐心等待一下，问问孩子是怎么想的。

如果遇到我们不知道的问题，不要随便回答敷衍过去，可以拿出《十万个为什么》，或者带孩子去书店、图书馆一起查资料，教孩子如何自己找答案。

2. 鼓励孩子多动手

孩子小的时候喜欢说“我来帮你吧”，当你叠被子、扫地时，他总要跑过来帮忙。这个时候，千万别嫌宝宝“帮倒忙”，而是要给予肯定。因为孩子的出发点是好的，只是能力还不足而已。

很多孩子大了不做家务，妈妈满怀怨气，殊不知，孩子小时候每次想帮忙，得到的却是劝退或责备。所以，父母一定要珍惜孩子想帮忙的时刻，及时给予鼓励和支持，使其独立性不断增强。

对于两三岁的孩子来说，拎垃圾、帮忙递东西之类的小事，妈妈完全可以“偷偷懒”，让孩子去做；等到了四五岁，孩子就可以承担一些简单的家务了，比如收拾自己的玩具、擦桌子、摆碗筷、洗水果蔬菜等；六岁左右的孩子就可以打扫自己的房间、学习洗自己的小袜子了……

3. 遇到困难先“旁观”

涵涵三岁多的时候，每次带她去逛超市，她都喜欢自己去拉购物车。因为力气小，涵涵需要费好大的劲才能把购物车从存放点拉出来。

人不多时，我就在一旁看着，让她自己拉。一开始她会使劲往外拽，拽着拽着就发现，把购物车左右扭一扭，会更容易拉出来。

当孩子独立解决问题后，脸上的兴奋感和自豪感藏都藏不住。孩子的自信就是通过一次次的成功一点点积累起来的。

4. 拉着家人一起示弱

可能是因为“隔代亲”的缘故，爷爷奶奶对孙子孙女大多格外溺爱，为孩子包办一切。这时，我们可以通过亲身示范，让他们亲眼看到孩子在独自完成某件事后的自豪感，并简单说明一下适当示弱的好处。

同时，我们还可以引导孩子“帮助”老人。比如告诉孩子，爷爷变老了需要照顾，宝宝长大了，走路再累也不能让爷爷抱。

涵涵现在就觉得自己是个“小大人”，责任感极强，每次跟爷爷一起过马路，她都会主动拉起爷爷的手，说：“爷爷，要过马路了，小心点，涵涵拉着爷爷一起过……”

不管我们的身份是妻子还是妈妈，不妨试着再柔弱一点儿。懂得示弱的妻子，婚姻往往幸福又和谐；懂得示弱的妈妈，会成就一个自信、有勇气、有担当的孩子。

不贴标签、不设限，每个孩子都是不一样的烟火

在微信群聊天的时候，经常有妈妈问我：

“涵涵妈，我家宝宝一岁多，不爱看书，怎么办？”

“涵涵妈，我家娃两岁多，很喜欢和小朋友一起玩，但不愿意分享玩具，怎么办？”

“涵涵妈，我家孩子三岁了，变得越来越不听话，让干啥偏不干，不让做的却偏要做，怎么办？”

“涵涵妈，我家孩子动不动就掉眼泪，简直就是‘爱哭鬼’，该如何教育呢？”

…………

不爱看书、自私、不听话、爱哭……这些都是标签，是父母对孩子的某一行为下的定义。其实，每天处于快节奏、高压力的工作状态中，家长在教育孩子时难免缺乏耐心，很容易脱口而出一些标签化的评价，包括我自己。

上周五，涵涵幼儿园举办了一场亲子马拉松运动会。结束后，老师用扩音器喊道：“男生一队，女生一队，迅速排好队。”

当时，涵涵站在班级的中间，本来是想着就地融入队伍，可突然从后面跑过来一个女孩，插在了她的前面。涵涵后退几步，还没站稳，又挤进来一个女孩。涵涵继续往后退，一连三四个女孩都插到了她前面。就这样，涵涵被挤到了队伍末尾。

晚上回到家，我跟涵涵爸说了这件事：“咱娃会不会像我小时候一样，胆小，遇事就害怕呀？”涵涵爸立马变身“护女狂魔”，语气坚定地说：“怎么可能？上次游泳比赛的时候，有人要插队，她不是直接告诉对方‘要按顺序排队’吗？我闺女这次是不计较，愿意让着同班同学。”

这个平时回微信都不超过仨字的人，说起自己闺女来，总是滔滔不绝。不过，通过涵涵爸的话，我也意识到，这并不是一件大不了的事，因为害怕女儿受委屈、被欺负，甚至还联想到了校园欺凌，才武断地给她的谦让行为贴上了“胆小”的标签。

我们看问题要全面，客观评价一个人，不能仅就一件事情轻易下结论、贴标签。心理学领域有个词叫“标签效应”——当一个人被贴上某个标签时，他就会做出自我印象管理，使自己的行为与所贴的标签内容相一致。

标签效应具有的导向作用曾在参加第二次世界大战的新士兵身上得到了充分体现。第二次世界大战期间，美国急需一批军人上前线，但兵源匮乏，于是，政府决定将一部分犯人从监狱里抽调出来送往前线戴罪立功。

为此，美国政府特派了几名心理学家对犯人进行战前训练和动员。心理学家并没有一味地正面说教，而是要求他们每人每月给家人写一封信，讲述自己在狱中如何认真遵守监规、接受教育改造等良好表现。

三个月后，犯人们开赴前线，仍坚持每月写一封家信，给家人汇报自己在前线如何服从领导、听从指挥、奋勇杀敌、立功受奖等情况。结果，相比正规军，这批犯人在战场上的表现毫不逊色，他们真的像信中所说的那样去努力了。

我们随意给孩子贴上一个负面标签，比如这个孩子很固执、这个孩子太胆小、这个孩子很内向……孩子内心是非常不高兴的，但家长却往往忽略了孩子的感受，甚至还会一再强调说，本来就内向，难道还不能说吗?

其实，这些无意间贴在孩子身上的负面标签，很可能会像魔咒一般牵引着他、控制着他，让他慢慢成为你最不想他成为的样子。我们永远都不能忽视心理暗示的影响。

我曾经看过一则报道：一位妈妈在辅导女儿写作业的过程中，经常骂她笨，结果她竟变得越来越笨了。天长日久，孩子的思维模式都变了，她不相信努力就有收获，而认为学习成绩靠天生，自己这么笨，再怎么努力也没什么用，从而形成固定型思维模式。这种思维模式是不利于孩子成长的，会使孩子患上一种“拒绝付出努力”的病。

与固定型思维模式相对的，是成长型思维模式。拥有这种思维模式的孩子认为，人的能力不是天生的，是可以通过努力来提高的，自己要做的就是勤学苦练，勇于尝试，接受挑战，不断培养自己的能力。如果落后了，就说明我们需要更加努力，变换不同的策略，以达到目标。

也许有的家长会反驳说，打骂孩子只是一种方法，希望通过这种“激将法”让孩子变得好一点儿。没错，有时候激将法是管用，但并不是对谁都有效。

通常，激将法适用于以下两类人群：

第一，特别自信的人，他们知道你的评价是不客观、不公正的，所以不在意，只坚持做最好的自己；第二，被贴标签者的人格独立性比较强，遇到挫折不退缩，能够越挫越勇。

想想我们的孩子，三岁左右正是需要得到父母的肯定、赞美和认同的年龄，他们的独立性是有限的，还没能形成独立的人格。如果被自己最亲、最信任的妈妈或爸爸否定，他们会越挫越勇吗？

所以，对于年龄小的孩子来说，负面标签很难产生激将法的效果，反而会伤害亲子关系，甚至会促使孩子向消极的方面发展。

当然，我们可以给孩子贴一些正面标签，比如你是个有爱心的孩子、你很勇敢、你学习很认真也很努力……常常在脑海中翻找美好的词汇往孩子身上贴，慢慢地你会发现，孩子完全按照你所期望的积极方向成长着。

“标签”是个中性词，“好”或“坏”要看怎么去用。愿我们都能运用它好的一面，杜绝坏的导向作用。当不贴负面标签成为我们的一种习惯时，不仅自己省心，还有利于孩子的成长。

第五章

语言情商

——如何说孩子才会听，怎么听孩子才肯说

方法对了，孩子并不抵触批评

小时候，父母批评你时，你是不是心里不认同，觉得他们唠叨起来好烦？如今已为父母的我们发现，自己的孩子也不愿接受任何指责和批评，一挨骂就滋生消极情绪，出现反抗心理，仿佛历史在重演。

在家庭教育中，父母批评教育犯错的孩子，这无可厚非，但重点是，怎样批评孩子才有效。

01　用身体接触与孩子建立情感联结

有一天，我送涵涵去上学，在公交站牌那里看到一对母女等公交车。小女孩说要捡地上的树叶玩，妈妈说很脏，不可以捡。小女孩不听，弯腰去捡，妈妈很生气，转身就走开了。小女孩跑着追过去，妈妈一边使劲推开扑过来的孩子，一边嚷着：“你走，管不了你，我不要你了！”小女孩边哭边追。

从那个小女孩的哭喊声里，我听出了一种深深的恐惧感——她是真怕妈妈不要自己啊，可那位妈妈却坚持走了很远才停下来。

也许孩子要捡的树叶真的很脏，也许孩子在马路边捡树叶的行为真的很危险，妈妈应该批评她，但不应该离开她、推开她，给她带来恐惧感。任何时候，妈妈都不要忘记用身体接触和孩子建立情感联结。

比如妈妈可以蹲下来，看着孩子的眼睛，并握着孩子的小手或搭着孩子的肩膀，告诉她："宝贝，这个地方的树叶被很多人踩过，不干净，并且在马路边捡树叶很危险，所以你不可以捡着玩！"

这种温柔而坚定的沟通方式能让孩子感觉到，妈妈只是在批评我、教育我，而并非不要我、不爱我了。如此一来，孩子就不会那么恐惧，更容易从心里接受你的责备和批评了。

02　注意你的语气和语调

对于人际沟通，美国心理学家艾伯特·梅拉比安进行了一系列开创性的研究。结果表明，我们与人交流时，55%要靠肢体语言和面部表情，38%要靠语调和说话方式，而只有7%是靠言语本身。

所以，当父母批评孩子时，就算说得再对，如果话语伴随着面目狰狞和歇斯底里脱口而出，就已经激起了孩子的防卫甚至逆反心理。

当然，发怒是人之常情，不是说"熊孩子"再怎么惹毛我们都不能发火，而是说，如果我们真想通过批评帮助孩子进步，最好别在气头上进行。当感觉自己被气炸、逼疯的时候，我们可以按下暂停键，等情绪有所缓和再去沟通。

要记住，我们进行批评教育的目的，不是打击孩子使其心灰意冷、垂头丧气，也不是受到孩子的伤害后以牙还牙，而是要帮助孩子认识错误、纠正坏习惯。所以，就算是批评，也请尽量“温和而坚定”。

记得上心理学课时，一位妈妈问老师：“我家宝宝二十二个月，每次我一批评他，他就会拿东西狠狠地砸自己的头或者打自己的脸，我该怎么办呢？”

通过进一步沟通得知，这位妈妈和老公的感情不太好，吵架、哭闹是常事，长期自怨自艾，背地里流泪，埋怨自己不够强大，甚至用暴饮暴食或不吃不喝来虐待自己。所以，当孩子犯错的时候，她的批评声中总会带着抱怨的语气，比如：“你这孩子真是太不听话了，再这样下去，妈妈可怎么办啊！”

日积月累，孩子内心就会积压很多负面情绪，甚至会觉得是不是自己做错了什么事，惹得妈妈那么伤心与失望。在得不到正确疏导的情况下，孩子最容易模仿养育者（妈妈）的行为，通过看似自残的方式将坏情绪宣泄出来。

孩子是最敏感的，所以，夫妻关系有问题的，先把夫妻问题处理好，有话好好说。要知道，夫妻长久争吵，不光影响两人的感情，更会伤害孩子那颗弱小而又易碎的心啊！

03 切记对事不对人

经常听到很多家长批评孩子说“你可真够懒的，自己的玩具都不收拾”“你怎么这么笨啊”……

其实，你不喜欢的不是孩子这个人，而是他“不收拾玩具”这一行为。可为什么你的责备却成了针对他这个人的呢？如果你因为粗心把文件搞错了，老板说你笨，你心里会舒服吗？

既然批评的目的不是发泄，而是为了改进，那我们为什么不采取对方容易接受的方式呢？比如“你这个蠢货”和“你这个行为恐怕不是很明智”，这两种批评方式，相信大家更容易接受后者。

因为前者否定的是一个人的人格，极易引起被批评者的不适而直接想要反击；后者仅仅是批评了一个具体行为，会督促被批评者审视自己的问题，进而扩大到审视自己的行为习惯。

我们可以坚定地告诉孩子：“你不收拾好玩具，我们可就没办法出门玩了。”家长在说的时候要尽量用温和的语气表达出不收拾玩具的结果，否则就会变成威胁与恐吓，那会激起孩子的逆反心理。

04 正面鼓励比批评更有效

有一次，涵涵幼儿园开家长沟通会，老师跟我说：“涵涵最近的表现有点不尽如人意，不太懂礼貌，见了老师不爱打招呼，上课回答问题也不积极。”

刚好前几天涵涵爸提到过，早上送涵涵上幼儿园，有几次她说了三遍“老师好”，都没有得到老师的回应。我猜，可能涵涵像我小时候一样说话声音小，老师没有听见。

回到家后，爸爸问老师都说了啥。我见涵涵也歪着脑袋，等着听我讲，就趁机开启“戏精妈妈”模式，满脸自豪地说：“老师当然是表扬咱们涵涵了呀！老师说，涵涵见了每位老师都会主动打招呼，如果下次声音再大点儿，就更棒了！”

涵涵爸看出我在“演戏”，就配合着问：“还有吗？”我继续夸道：“老师还说，涵涵上课时经常积极回答问题，要是下次能把手举得高高的，就更好了。”

一段时间过后，涵涵真的有所改变了：跟老师打招呼的声音明显大了，上课也积极地举手回答问题，更开朗、更自信了。

著名儿童教育家陈鹤琴在《家庭教育》一书中写道：“一般人，受激励而改过，是很容易的，受责骂而改过，是不大容易的，而小孩子尤其喜欢听好话，而不喜欢听恶言。”

所以，我们在教育孩子时不妨以正面激励为主，即使孩子犯了错，也可以先肯定他们值得表扬的优点，再提出需要改正的缺点。

05　把自尊留给孩子

英国教育家约翰·洛克有一句名言：“父母越不宣扬子女的过错，子女对自己的名誉就越看重，因而会更小心地维护别人对自己的好评。若父母当众宣布他们的过失，使他们无地自容，他们就会觉得自己的名誉已受到损害，维护自己名誉的意识也就会淡薄。”

这不就是我们常说的“破罐子破摔”吗？人生最糟糕的状态，莫过于此。所以，我们要懂得“往孩子脸上贴金”，而不是打破他的“罐子”。毕竟，再小的孩子也是有自尊的，都值得被大人尊重。特别是青春期的孩子，自尊心最强。

有一次，我和小区里几位妈妈相约带着孩子一起吃饭。有一个小女孩比较活泼，在餐厅里跑来跑去，妈妈好声好气地反复叮嘱，却全然不管用。妈妈觉得很没面子，直接当众发飙了。小女孩吓哭了，妈妈用手指着孩子的脸，厉声斥责："不许哭，在外面不能乱跑，你不知道吗？"

这位妈妈的做法基本上毫无效果可言，不仅没有维护好家长的面子，还会和孩子之间形成距离和怨恨。这种批评方式不是缺乏爱，而是缺乏尊重；不是缺乏才智，而是缺乏情商。

其实，这个场景在日常生活中很常见，总是有父母不管不顾周围人的目光，经常在人前教子，觉得这样做孩子才能记忆深刻，长记性。殊不知，这种完全不顾及孩子颜面的做法，会伤了孩子的自尊心，甚至给孩子留下一辈子的阴影。

如果孩子的确做得不好，我们也要给他一个台阶下。比如，那位妈妈完全可以把娃抱到卫生间或餐厅外面，心平气和地告诉她，餐厅有很多桌椅，追逐打闹很容易碰到而受伤；如果撞到端着饭菜和热水的服务员，也是很危险的。

你觉得孩子丢了你的面子，而你却践踏了孩子的尊严。千万别这么做！

批评不仅仅是一种手段，更应该是一门艺术、一种智慧。为人父母，针对孩子的过失进行教育时，可参照明代思想家吕坤的"育子七不责"。这些老祖宗流传下来的经验与智慧，有很多值得我们借鉴的地方。

对众不责：在大庭广众之下，不要责备孩子，要在众人面前给孩子以尊严。

愧悔不责：如果孩子已经为自己的过失感到惭愧后悔了，大人就不要责备孩子了。

暮夜不责：晚上睡觉前不要责备孩子，此时责备他，孩子带着沮丧失落的情绪上床，要么夜不成寐，要么噩梦连连。

正饮食不责：吃饭的时候不要责备孩子，这个时候责备孩子，很容易导致孩子脾胃虚弱。

正欢庆不责：孩子特别高兴的时候不要责备他。人高兴时，经脉处于畅通的状态，如果孩子忽然被责备，经脉就会立马“憋住”，对孩子的身体伤害很大。

正悲忧不责：孩子哭的时候不要责备他。

疾病不责：孩子生病的时候不要责备他。生病是人最脆弱的时候，孩子更需要父母的关爱和温暖，这比任何药物都有疗效。

你想要什么就表扬什么，你表扬什么就会得到什么

想想现实生活中，如果我们违规停车，交警肯定会过来开罚单，但若是我们停对位置，交警却不会为此而给予表扬。

亲爱的，回想一下，在养育孩子的过程中，我们是不是也扮演着只惩罚不表扬的角色呢？对于孩子的缺点、退步，我们极其敏感，立刻做出反应；而对于他们的优点、进步却很麻木，不加注意、不予表扬。

很多时候不是孩子做得不够好，只是没达到我们的预期而已。比如外出回到家必须洗手，这是我们对孩子的规定。如果孩子没有照做，肯定会招来一顿数落和批评；假如孩子照做了，也不会得到表扬，因为我们觉得这是理所应当的事情。

这让我想起了曾在一本书上看到的一件事。一位家长由于孩子们吵闹不休而火冒三丈：“你们就不能安安静静地玩一会儿吗？”孩子们答：“我们当然能。只不过我们安静的时候你根本没注意

罢了。”

所以，只要孩子有进步，哪怕很小，我们都应该及时表扬，给予充分肯定，而绝不能无动于衷，视为理所当然。因为无动于衷会挫伤孩子的积极性，使他们觉得父母对自己的进步漠不关心，认为自己的努力白费了。久而久之，孩子就会失去进步的动力。

那么，我们如何正确表扬，孩子进步更快呢？

01　你想要什么就表扬什么

一天吃晚饭时，涵涵爸夹了一筷子青菜放到涵涵碗里：“要多吃青菜，可以补充维生素。”然后吧啦吧啦说了一大堆吃青菜的好处。可涵涵丝毫不为所动，把青菜一根不剩地全部夹出来了：“我不要吃青菜！”

我看到了但没吭声，几分钟后，假装不经意地来了一句：“老公，你知道为啥涵涵长这么高吗？因为她不挑食呀，在幼儿园什么都吃，不像那些挑食的小朋友，个子长不高还总爱生病。”说的时候一定要真诚，考验演技的时刻到了。

说完，我夹了一筷子青菜到涵涵碗里，她没有一点儿抵触情绪，很愉快地吃掉了。

小孩子都是这样的，他们喜欢被正面关注。所以，家长给孩子一个好的期望，“预支”一个表扬，为孩子接下来的行为指明方向，确实是一种很有效的方法。比如当孩子犹豫着要不要跟小朋友分享零食时，如果妈妈故意说他是个大方的好孩子，得到鼓励的孩子很可能就会因此而变得乐于分享。

02 夸努力，不夸聪明

一个孩子很兴奋地跟妈妈说："妈妈，我这次考了一百分！"妈妈也高兴地回应道："真棒！你真是太聪明了！"

其实，妈妈这句话传达出来的潜台词是：你考了一百分是因为你聪明，而如果你考不好，则是因为你笨。孩子也会因此给自己贴上"我棒""我聪明"的标签，接下来，为了继续得到"棒""聪明"的评价，就只会选择做自己有把握的事，上进心就会慢慢消失。

在这种情况下，如果妈妈给予更适当的回应，"太棒了！妈妈真为你高兴！你的努力没有白费，再接再厉"，让孩子把学习成果与态度、付出联系起来，即"夸努力，不夸聪明"，就高明多了。

比如孩子用积木搭了一艘轮船，父母与其赞美这艘轮船如何漂亮，不如说："好酷的轮船啊，你肯定动了不少脑筋、费了一番功夫。"相信孩子听了一定会觉得心满意足，因为自己的付出得到了认可，他很有可能会充满自信而骄傲地说："我还会搭小房子呢。"

03 表扬孩子，请尽量具体化

在表扬孩子时，我们最好能发散思维，用描述性的句子把孩子做得好的地方说出来，让孩子知道自己到底"棒"在哪里。

比如孩子写了一篇不错的文章，你可以给予这样的表扬："文章开头详略得当，通过环境描写来衬托人物的心情，十分艺术化；

结尾处集中表达情感，既照应开头又总结全文；首尾连贯，一气呵成。”

通过家长的详细描述，孩子就会受到鼓舞，慢慢发现自己的优点，不断肯定自己，自信也就慢慢树立起来了。

家长适宜的赏识和肯定，才能培养出努力且自信的孩子。当我们遇到孩子表现优异，忍不住想脱口而出“你真棒”“你好聪明”时，不妨借鉴一下美国小学老师制订的这份关于表扬的“话术清单”，从中挑一句来替换掉吧！

（1）你取得了那么好的成绩，一定很努力。——表扬努力

（2）尽管很难，但你一直没有放弃。——表扬坚毅

（3）你做事认真、踏实，值得学习。——表扬态度

（4）你在________上进步了很多！——表扬细节

（5）你这个方法真有新意！——表扬创意

（6）你和小伙伴们合作得非常默契！——表扬合作精神

（7）这件事情你协调得很好！——表扬领导力

（8）你一点儿都不怕困难，太难得了！——表扬勇气

（9）你帮________完成了他的任务，真不错！——表扬热心

（10）你把自己房间收拾得干净整洁，继续保持！——表扬责任心和条理性

（11）我相信你，因为你向来说话算数。——表扬信用

（12）你踊跃参与各项课外活动，值得称赞！——表扬参与

（13）你很重视别人的意见，这一点非常好。——表扬虚心

（14）真高兴你做出这样的选择。——表扬策略

（15）你记得________！想得真棒！——表扬细心

04　用平常心对待孩子的缺点和毛病

通常，孩子越大，我们的忍耐力越低。因为我们总想着，孩子都这么大了，怎么能像小时候一样呢？可是你想过没有，你小时候有没有做到你现在期望的这样呢？

比如冬天叫孩子起床这件事，如果你总想着“都这么大了，叫了三遍才起来”，肯定一肚子气，说不定还会撒在孩子身上，搞得全家人都跟着郁闷；如果你想的是“今天才叫了三遍，孩子就起来了，真不错”，无疑，你的心情是愉快的，妈妈高兴了，全家就高兴了。

所以，家长学会适当降低自己对孩子的期望值，用平常心去对待孩子的缺点和毛病，有助于保持良好的亲子关系。

抗挫力：孩子犯错误时，你说的第一句话是什么

经常有妈妈在微信公众号留言问：“涵涵妈，为什么我家孩子搭不好积木就生气，一把推倒就不再玩了？”“涵涵妈，为什么孩子犯了错，我一纠正他就发脾气？”

这是因为，随着孩子慢慢长大，他的自尊心越来越强，也越来越在意周围人的看法。他希望自己是个完美的小孩，一旦遇到不会或者做不好的事情时，就会有一种羞耻感，甚至怀疑别人会不会认为自己太笨。

这个时候，家长就需要适当地引导一下，帮助孩子认识到，错误本身不可怕，重要的是犯错误后不要采取退缩、逃避的态度，要正视问题，鼓起勇气再试试，直到把这件事情做好。

前几天，我还跟涵涵爸谈到了这个问题。

“老公，每次涵涵跟我一起做思维训练题，做完一整本都不带厌烦的，而跟你一起只做两页就不做了，你知道为什么吗？”涵涵

爸很茫然地摇摇头。

“当涵涵做题时，如果出错了，你是不是张口就说‘错了错了’‘不是这样’？”我问。

“是啊，出现错误难道不应该指出吗？”涵涵爸满脸疑惑。

“错误是肯定需要指出的，但要讲究说话方式呢！如果你工作的时候，我在旁边不停地唠叨你、否定你，你还能继续下去吗？”

“确实是这个道理，下次一定得注意了。”涵涵爸点点头，“那应该怎么说才好呢？”

对于涵涵爸的这个问题，我们一起从《不怕犯错再试试》这本书里找下答案吧！

故事的主角是一只追求完美的小青蛙斯蒂克利，他不喜欢犯错误，一犯错误就会喊“噢，不要”，并且不再尝试做这件事情。斯蒂克利的爷爷并没有跟他说太多的道理，而是告诉他，就算犯了错误，一样要坚持到底，不要说“噢，不要”，而要说“哦，好吧”。

在我看来，“噢，不要”是掩饰错误，或者不再挑战；“哦，好吧”是接受错误，然后蓄势待发，继续努力。语言就是这么神奇，不一样的表达，会产生不一样的力量。

“没有人是完美的，所以，尽你最大的努力就好。如果你遇到一个问题不知道该怎么办，你可以试着去问问别人。”斯蒂克利的爷爷说，“我们要做的就是不断尝试，并为此而感到骄傲！”

拼英文单词的时候，斯蒂克利拼错了，但爷爷并没有马上指出他的错误，而是让他好好看看，哪里出了错。看到这里，涵涵爸是不是该反省一下自己呢？不给孩子自己认识错误的机会，直接说“错了错了”，这完全是在打击孩子的自信心呀！

斯蒂克利在画画的时候不小心画错了，“噢，不要！”但接着他就想起了爷爷的话，“哦，好吧。”冷静下来的斯蒂克利换个角度去看那张画错了的画，发现也很好看呢！

斯蒂克利在吹小号，但声音并没有他想象中好听。“哦，好吧。”不过，他并没有放弃，“我会越练越好的。”当孩子学会鼓励自己时，就已经明白，犯错其实是一件很平常的事情。

做数学题的时候，斯蒂克利做错了，但又实在不知道正确答案是什么。这个时候，他想起了爷爷的话——“你可以试着去问问别人”。于是，斯蒂克利去找北极熊帮忙。北极熊耐心地替他解答了那道数学题。所以，亲爱的家长，请记住，当孩子需要你的帮助时，一定要以耐心的态度去对待。

斯蒂克利已经懂得了，做任何事情尽自己最大的努力就好。尽管他仍然会犯错，比如做煎饼时应该放巧克力却放了蓝莓，但他不再难过，而是安慰自己说：“这也是一次尝试，我感到很骄傲！”

故事的最后一页只有短短几个字：“哦，好吧！”“鼓起勇气！”“再试试！”简单的几个字，带给孩子的却是大大的力量！

书的最后，附有一篇《写给父母的话》，为我们提供了许多帮助孩子正确看待错误的建议和方法。我挑了两点，结合养育孩子的一些实际情况阐述如下。

1. 给孩子无条件的爱

刚上一年级的孩子，可能因为手部的精细动作还未发育完全，写出来的字歪歪扭扭；也可能因为专注力不强，边写作业边玩铅笔，拖拖拉拉写到很晚……我们很容易着急上火，对孩子发脾气。这个时候，委屈巴巴的孩子就会心想：妈妈是不是不爱我了？

所以，我们有必要让孩子知道，无论他犯不犯错，爸爸妈妈都永远爱他。告诉孩子，这个世界上没有十全十美的人，每个人都会有犯错的时候。关键是，我们要有继续下去的勇气，学会在错误中成长起来。

无条件的爱，是一种对自己孩子的亲近感，是发自内心的，无关其他条件。当然，无条件的爱并不是默许和放纵孩子的任何无理行为，而是需要遵守一些规则。比如当孩子犯错时，父母要就事论事，不能对孩子全盘否定；孩子努力了，不管是什么结果，父母都不应该强求或抱怨。

“我爱你”是世界上最神奇的一句话，是一个家庭向心力的源泉。每当孩子听到这句话时，就会更有安全感、更自信，也更信任周围的世界。在跟孩子的日常沟通中，甚至在与爱人朝夕相伴的日子里，“我爱你”这句话，永远都不嫌多！

2. 沟通步骤很重要

回到文章开头的问题，如果孩子因为不小心，马上要搭好的积木倒了一地，生气大哭不玩了，我们该如何正确引导呢？

这个时候，如果我们说“没事没事，搭不好就不搭了”，就直接错过了情绪管理的第一步——认识情绪。我们要先帮助孩子认识自己正在经历的情绪是什么，“你很生气，看得出你特别生气”；再允许他将情绪宣泄出来，“如果你想哭，就哭一会儿吧，来，妈妈抱抱”；同时，我们还可以教孩子一些使心情平静下来的方法，比如邀请孩子一起做深呼吸。

等孩子平静后，我们要帮助他弄明白，到底是什么让他出现了如此的情绪，“你很想用积木搭一个大城堡，但它不听话，总是掉下来，所以你特别特别生气”。有的孩子听完后会再次哭起来，因为你的话触发了他的“伤心处”。

孩子反复哭几次是很正常的，这是受挫的他在经历“自我消化情绪”的过程。我们要做的就是，带着爱陪伴孩子消化这些情绪，耐心等待他再次平静下来。慢慢地，孩子对负面情绪的消化能力就会越来越强。

第三步是最关键的，就是教会孩子如何应对挫折。如果孩子说“我搭不好积木”，我们可以积极告诉他，这只是暂时的，一个小失误而已，也许下次就成功了呢！在孩子重新搭建时，我们可以演示一下如何放积木。

当孩子遇到困难或挫折的时候，我们要给孩子足够多的鼓励，引导他勇敢面对，主动分析原因，积极吸取教训，努力学会新技能，这才是抗挫教育的关键。

叙事性语言：用游戏提升儿童表达力

一天早上，涵涵醒来说自己做了一个梦，一个关于游泳的梦。

“是吗？好想听呀，你能给妈妈讲讲那个梦吗？”这是一个锻炼孩子语言能力的好机会，我可不能错过。

可是，涵涵却说：“我自己都记不清了。”

“哦，那是在哪里游泳的呢？”我问。

“就在我们游泳班呀！”

“是谁陪着涵涵一起呢？杰瑞老师在梦里吗？”我又问。

“在啊。”涵涵回答。

我继续问：“在游泳班都发生了什么事呢？”

在我的鼓励和引导下，涵涵像是打开了话匣子，小嘴儿开始讲个不停，我只需时不时地问“然后呢”，整个梦境就被涵涵连起来，并讲了出来。

虽然孩子可能有再加工的成分，但我们的目的就是锻炼孩子的语言表达能力，而不是百分之百还原梦境，是吧？

这就是接下来我们要讨论的主题——叙事性语言的重要性。想想看，我们说一个人的语言表达能力强，指的是对话语言吗？

“妈妈，我饿了。”“稍等一下，饭马上就做好了。”

“爸爸，我想要吃草莓味的冰激凌。”“好的，没问题。”

对话，指两个或更多的人用语言交谈，只要能张口说话，大家都会运用。就好比看书，只要认识字，都能读下来。很显然，对话能力强并不代表语言表达能力强。

把控细节和逻辑讲好一个故事、完整且清晰地传达上司的会议精神等，不是每个人都可以做到的。比如有的领导在讲话时，高屋建瓴，形象鲜明，情真意切，指导性很强，听后令人为之振奋；而有的领导在讲话时，长篇大论，重复啰唆，言之无物，台下的人要么昏昏欲睡，要么窃窃私语，交头接耳。这就是叙事性语言的差距。

我们引导孩子描述梦境，并积极主动地配合倾听，是一种有效的培养孩子叙事性语言能力的方法。除此之外，我们还可以从哪些方面进行锻炼呢？

01　复述故事

一本绘本讲完了，如果我们一本正经地对孩子说“来，宝宝给妈妈讲一下刚才的故事吧”，孩子十有八九会说“我没记住，我不会讲”。

如果换成请教呢？“咦？涵涵，老爷爷第一次熬肉丸子汤的时候，都有谁来了？妈妈怎么忘记了？”孩子回答后，我们可以继续

“请教”：“那第二次呢？第三次呢？最后呢？”就这样，一个故事被完整地复述出来了。

我们可以在第二天早上送孩子上学的路上复述昨天晚上讲的故事，还可以随时随地引导孩子说故事。

比如带涵涵去自然博物馆，看到猪笼草，我就会微皱起眉头问：“涵涵啊，这个猪笼草我看着好熟悉，但就是想不起来在哪里看到过。”这个时候，孩子通常会很热情地“帮”你回忆。

“是《鼹鼠的故事》里面的呀，会吃虫子的，妈妈，你想起来了吗？”然后她就吧啦吧啦将故事的大概复述出来了。

02 看图说话

看图说话，顾名思义，就是要用眼睛看，用嘴巴说。对于给孩子备战“幼升小”的家长来说，除了提升孩子的识字数量，最需要重视的就是培养孩子的看图说话能力。通过观察一个孩子看图说话（观察、构思、讲述）这一过程，学校就能初步判断其综合能力与语言水平。

当孩子看到一幅或一组图时，肯定会先在脑子里构思一遍，然后循着逻辑用语言把故事情节和自己的情感叙述出来。这不仅能锻炼孩子的思考能力、表达能力，对以后写作文也有很好的促进作用。

那么，我们如何训练孩子学会看图说话的能力呢？

首先，“看图，要有顺序”——或从上到下、从下到上；或从远到近、从近到远；或从左到右、从右到左。观察有顺序，思路才清晰，这样才能整体有效地理解画面中的内容。

其次，“构思，充满想象力”——我们要提出一些恰当的问题，让孩子以此为支点，在符合图画内容和生活实际的基础上进行大胆想象，使静止的人或物尽量动起来、活起来、丰富起来。

03 直面问题不回避，解决问题不敷衍

我们当父母的，随时要做好迎接孩子提问的准备。尤其是三岁左右的孩子，脑子里好像装进了很多问号，很喜欢问“为什么”，更喜欢打破砂锅问到底。

按照蒙台梭利的说法，三岁是孩子用语言表达好奇心的萌发期，也就是通常所说的“逻辑思维敏感期”。他们会用各种“为什么”和得到的答案来提升自己的逻辑思维，建立自己的语言框架。

草为什么是绿色的？鱼儿为什么会游泳？为什么爸爸长胡子而妈妈不长？……面对这些充满童心、无穷无尽的问题，我们一定要做正确、简洁的解答。如果我们不知道答案，就告知孩子实情并提供获得正确答案的途径，比如查百科全书、“百度”一下等。但不要敷衍了事，因为这么做不但会磨灭孩子的好奇心和求知欲，更会错过孩子语言表达能力的培养。

比如涵涵问我：“为什么虎鲸也叫杀人鲸？它们真的会吃掉人类吗？”我自己对虎鲸并不了解，但我并没有随意搪塞过去，而是很认真地打开电脑上网查询。我们一起看百度网页的时候，涵涵就不自觉地把自己从绘本里了解到的关于虎鲸的一些知识，滔滔不绝地讲出来了。

04　父母要善于倾听和回应孩子

有时候孩子很兴奋或者很着急，就会噼里啪啦讲一堆，但是完全没有中心和重点，导致我们根本搞不清楚孩子要表达什么。

这时，我们不要心急去打断孩子说话，也不要急于否定孩子的负面情绪，更不要直接去纠正他们的错误，以免挫伤他们对话的积极性，完全丧失继续沟通下去的兴致；我们一定要学会耐心倾听，用积极、主动的方式去回应孩子，适时做出引导。

比如孩子说完后，我们可以从地点、时间、人物、起因、结果等方面提出几个问题，帮助他们厘清思路，有逻辑地表达出来。

05　假装游戏

涵涵一个人玩的时候，也是很热闹的。因为在她的眼里，所有玩偶，甚至一张纸都是有生命、有姓名的。她会赋予它们不同的角色、有名有姓的称呼，并且会编出一个好玩的故事，一边念叨一边玩。

这个时候，我们最好不要打扰孩子，也不要取笑孩子，更不要用自己的见识去指点孩子。让孩子尽情发挥自己天马行空的想象，编各种各样的童话故事吧。

多说多问多读，让表达力飞起来

生活中，会聊天、善沟通、表达能力强的孩子总是更受欢迎，有的孩子金句频出，机灵逗趣惹人爱；有的孩子语言表达能力很强，被赞情商高。毫无疑问，每位家长都希望自己的孩子拥有出色的口才，能清晰地表达自己的立场和想法，赢得他人的理解和支持。

一个人的语言能力并不是天生的，如何让自己的孩子在语言发展方面更胜一筹，这就需要家长从小对孩子进行有意识的培养和训练。

具体来说，儿童的语言发展大致会经历语言准备期、语言发展期和语言成熟期三个阶段，每个阶段都有各自的特点。

01　零岁至一岁：语言准备期

这个阶段的宝宝，大多数还不会说话。我们要经常面对面与宝宝说话，语速要慢，口型要适当夸张一些。久而久之，小家伙就会记住你的口型了。通过不断听声音和看口型，他们就会渐渐发出如“啊”“呀”“爸”“妈”等简单的音节，为开口说话做积极准备。这个时候，我们可以用同样的声调模仿宝宝的声音，肯定宝宝的语言。

接近一岁的宝宝，虽然还不会说话，但已经能逐步听懂大人的一些简单口令，并能根据指令做出准确的反应。现在，我们需要做的就是帮助宝宝认识周围的人和物，教宝宝把实物和名称一一对应起来。

02　一岁至两岁：语言发展期

语言发展期又分为两个阶段。

· 单词句阶段（一岁到一岁半）

经过一年多的词汇积累，宝宝会说的单个词语越来越多，并且会用一个词来替代句子，用以表达自己的需求。比如孩子说“奶奶”或者“饭饭”，妈妈就能很好地猜测到孩子在表达“我饿了，想喝奶”的意思。

· 双词句阶段（一岁半到两岁）

这个时期的宝宝经常会说一些“电报句”，用两个关键词语组成一个句子。比如孩子说“妈妈球”，妈妈就能迅速明白孩子的意思是“妈妈给我拿那个球”。

这个时候，我们需要有意识地教宝宝将零散的词语连成简短的语句，反复多说几遍，让宝宝理解语句之间的关系。

研究表明，一个人语言中枢的机能成熟与外界刺激密不可分，尤其是婴幼儿时期，是宝宝语言启蒙的关键期，对其日后的语言发展至关重要，这需要父母高质量的陪伴与引导。

涵涵刚出生的前几个月，我抱着她的时候是不怎么吭声的，因为我本身不爱说话。直到我妈发现后提醒我，“你咋跟个木头人一样呢，都不和我们涵涵唠唠嗑”，我才意识到这一点。

接下来的日子，涵涵每天早上醒来时，我就用柔和的语言问候一句“早上好呀，涵宝宝”；喂奶或哄睡的时候，我也会轻轻地吟诵自己喜欢的古诗词或摇篮曲；跟涵涵一起玩的时候，我会起身一边假装往外走一边对她说“再见”……

也许得益于早期的语言刺激，也许是涵涵的语言表达力天生比较好，一岁八个月大的时候，她已经会背诵好多首童谣了。现在翻看那个时候的视频，我真的感觉非常欣慰。

语言是在交流中产生的，只有输入到一定程度，孩子才有东西输出。所以，我们在孩子很小的时候就和他多说话，可以潜移默化地强化他感知语言的能力，促进他的语言发展。

我们可以看到什么说什么，“宝宝，你看这是花，红色的花，红色的玫瑰花”；我们还可以做什么就说什么，“宝宝，开始穿衣服喽，伸胳膊，穿袖子，扣扣子”……

跟宝宝说话的时候，妈妈们肯定不是正常说话的样子，而是浑身散发着母性的光辉，声音极其温柔，语调拖得很长，这就是“妈妈音”。这种妈妈音不仅能够刺激宝宝语言的发育，还能让他体会到交流的乐趣。

亲自带过娃的妈妈都知道，虽然宝宝不会说话，但对我们的话却是有回应的，要么是“咿咿呀呀”、挤眉弄眼，要么是站在我们腿上蹦蹦跳跳……这都能激发宝宝张开小嘴儿讲话的意愿。

03　两岁以后：语言成熟期

这时候孩子的语言表达能力已经相对成熟，能将三到五个词语组织成句子与外界进行交流。很多孩子会开启“十万个为什么”的模式，开始拥有独立思考的能力。

对于这一时期孩子语言能力的发展，我们该如何有效引导呢？

第一，多说——跟孩子多交流，可以是聊天，也可以是读绘本，等等。

第二，多问——当孩子主动跟我们说话的时候，我们要多问“还有呢”“然后呢”，这样不仅能激发孩子说更多，还能锻炼他的发散性思维。

如果不是全职妈妈，下班到家后，我们可以问问孩子，今天吃了什么，玩了什么，发生了啥开心的事，等等。

第三，少看电视，多读绘本——因为电视将语言所提及的内容都通过画面展现出来了，所以会限制孩子对词汇的理解和思考；读绘本时，孩子必须将耳朵听到的内容转化为头脑里的画面，从抽象到具象的思维过程，能够很好地促进孩子大脑中语言中枢的发育。

父母是孩子最好的语言启蒙老师，抓住孩子语言发展的这三个重要阶段，多说、多问、多读，耐下心来慢慢培养，孩子就会越说越聪明。

第六章

社交情商

——教孩子学会解决冲突和与人相处的技巧

不分享也可以：如何陪伴孩子度过“占有敏感期”

经常分享的孩子周围会有很多小朋友，享受众乐乐的快乐；而不分享的孩子往往形单影只，只有独乐乐。所以，“学会分享”几乎是从孩子懂事以来，每个爸妈都会教孩子的一个必备道理。

分享是一种美德，对于分享者来说，应该是能感受到快乐的一件事情。但是，如果被家长逼着分享呢？

“这个先给妹妹玩一下，没事的，不要那么小气嘛。”

“不能这么自私，你去轩轩家，他也把自己的玩具给你玩了呀，你看轩轩多懂事。”

…………

强迫孩子做“出于礼貌”的分享，是一种为了取悦他人的分享。在这种情况下，孩子肯定不会感到丝毫快乐，甚至还会因为被指责为“小气”“自私”“不懂事”而痛苦不堪。

当然，我们不是不鼓励孩子学会分享，而是要尊重孩子的意愿，保护孩子那颗小小的需要尊重的心。

涵涵四岁左右的时候，有一次我带她在家附近的公园玩。涵涵拿着新买的泡泡机一边吹泡泡一边追泡泡，玩得超开心。旁边有个看起来比涵涵小一点儿的小女孩，一直目不转睛地盯着涵涵手里的泡泡机。

过了两三分钟，小女孩终于忍不住了，用小手指着涵涵手里的泡泡机说："奶奶，我要玩泡泡。"没等奶奶接话，小女孩就径直跑到涵涵面前，伸手要夺泡泡机。

涵涵下意识地把泡泡机往自己怀里移了移，跑到我身边坐下来。我轻轻拍了拍涵涵的后背，低头问："涵涵，你愿意把泡泡机给小妹妹玩一下吗？"

可能是被小女孩刚刚想抢泡泡机的行为吓到了，也可能是刚买的玩具还没过新鲜劲儿，涵涵有点抵触，摇头说："这是我的泡泡机，我不认识她，不想借给她玩。"

小女孩拉着奶奶一起走过来。"让妹妹玩一会儿，就还给你，好不好？"小女孩的奶奶用"鼓励"的眼神看着我。

涵涵紧紧抱着泡泡机，又往我身边靠近了一些，看看奶奶，又看看我。"不要这么小气，小朋友。"小女孩的奶奶又补充了一句。

我搂了搂涵涵的肩膀，微笑着对那位奶奶说："阿姨，这是她心爱的玩具，她有权决定要不要分享，和小气没有关系。"

然后，我又蹲下来对小女孩说："小朋友，泡泡机是姐姐的玩具，现在她不想和你分享，过一会儿她想分享了，你再玩，好吗？”涵涵听完我的话，长出一口气，对着我笑了笑。

那个小女孩的奶奶有点生气，一把抱起孩子走开了，嘴里还嚷嚷着：“小孩子不懂事，大人也不懂事，真是的。这么惯着，长大后还得了啊！”

可我并不觉得这是“惯”，这是对孩子最起码的尊重。

东西是父母买的，这没有错，可一旦给了孩子，就是孩子自己的东西了。孩子有按照自己的意愿、情感的需要行使保护自己心爱之物的权利，这应该被尊重和理解。

亲爱的，如果是你，你会怎么做呢？是为了自己的面子逼孩子做一个讨大人喜欢的“大方懂事”的孩子，还是把权利留给孩子自己，尊重孩子的选择呢？

“分享”是每个孩子成长过程中的必修课，那些说孩子小气的成年人，可能还不了解一个概念——“占有敏感期”。

通常，孩子在两岁左右会开始不愿意分享玩具或吃的，不愿意让别人碰自己的东西。就算是自己不想玩、不喜欢吃的，也不让别的孩子动，谁一碰，他立刻就说“我的”。这种强烈占有和保护的行为，就表明孩子进入了“占有敏感期”。

处于“占有敏感期”的孩子，动不动就说“这是我的，这是我的”，什么都是“我的”，好像他们唯一的事情就是看着“我的”所有的东西，除此以外的任何事情都不重要。

那么，孩子为什么会有这样的表现呢？

孙瑞雪老师在《捕捉儿童敏感期》一书中这样写道：

儿童在一出生时，他是没有自我的，他和世界是浑然一体的，儿童的成长过程就是一个自我建构的过程。在这个建构的过程中，最初儿童是通过占有属于自我的东西来区分自己和他人的。当儿童占有了自己的东西，当这个东西完全属于他时，儿童才能够感觉到“我”的存在，这也是儿童的自我诞生的标志。

儿童占有实际物体的根本，是获得占有物背后的那个“自我”，而不是物体本身。因此，当孩子很认真地规定“这是我的”“那是你的”的时候，父母应该满足孩子的这一需求，不要从道德的层面谴责孩子的行为，也不要为了面子强迫孩子分享，更不要给孩子贴各种负面标签。因为这是儿童建构自我的开端，父母的一些不当行为很可能会阻碍他们对自我的构建。

如果家长总是用语言强迫孩子把属于自己的物品分享给别人，或者直接把东西拿给别人，会导致孩子没有安全感。在失去安全感的情形下，孩子的自我意识肯定得不到健全发展，性格也很有可能会变得懦弱，认为他人的需求胜过自己的需求。长期下去，孩子会不断压抑自己的感受，隐藏自己的意愿，在成长的过程中逐渐丧失自我，不敢表达自己并保护自己的东西，无法捍卫自我的正当权利。

“占有敏感期”是孩子自我意识以及性格、人格等健全发展的关键时期之一，如果家长的处理方法不当，就可能会在无形之中给孩子的心理造成伤害。

那么，家长应该如何做才能帮助孩子顺利度过“占有敏感期”呢？

第一，家长要尊重孩子的选择，包容孩子的情绪，可以尝试从正面的角度去鼓励孩子，告知正确的行为，并耐心劝导。但切忌说一些如“你不把车车给弟弟玩的话，妈妈就不要你了”之类伤害孩子心灵的话，避免导致孩子觉得“爸爸妈妈不要我了”，而产生一些负面情绪。

第二，这个时期，家长应尽可能满足孩子的合理要求，这会给孩子带来满足感和幸福感，避免孩子形成因得不到而变得胆怯、自卑的性格。

第三，家长可以借助绘本，让孩子从中体会分享的快乐，以及明白分享后东西还会回来，不会永远消失。比如让孩子阅读关于分享与交换的经典绘本《彩虹色的花》。

总之，当孩子处于自我意识萌发的“占有敏感期”时，家长一定要拉得下面子，给孩子足够的权利让其自己做决定，允许孩子慢慢来。这样，孩子内心的那个“自我”才会强大起来，成长为意志坚定而独立的个体。

孩子人生的第一叛逆期，咱得这样管

01 孩子有了长大感

经常有读者问我：怎么我的孩子突然变得脾气很大？

这是因为孩子之前很多事情都是由父母代劳的，他饿了，一哭，立马有人给他吃的；无聊了，一哭，立马有人过来照看、陪玩。

但随着孩子自我意识的增强，随着他运动能力和认知能力的提高，他觉得别人能做的事情，自己也能干。这时，他就有了这一时期最明显的特点——长大感。

涵涵这一时期的口头禅就是“我是大宝宝了”，很多事情都坚持要自己来，比如穿鞋、穿衣服，哪怕鞋子双脚穿反了，也非得自己来。

但有些事情不管他们怎样努力，总是无法让他们称心如意。这就导致他们经常大发脾气，不仅对自己感到气愤，也对周围的人感到气愤。

因此，当他到了两岁半变得暴躁、倔强、情绪波动比较大时，许多父母一时就难以适应。

02　第一叛逆期的主要表现

我的心理学课本上这样写道：第一叛逆期的表现是幼儿要求行为活动自主和实现自我意志，反抗父母控制。反抗的主要对象是父母，其次是其他养育者，如爷爷奶奶等。

所以，我们常常觉得别人家的孩子听话、懂事，那是因为人家的主要反抗对象不是咱。

两岁的孩子好奇心很重，想弄清楚所有事物。因此，他们非常活跃，什么事情都要插手。

孩子这一时期的主要表现如下。

1.“不”字当头

这个阶段的孩子最喜欢说“不”，他们喜欢反抗父母，说话总是“不”字当头，有时他们甚至会跟自己对着干。比如，明明想要的是蓝色，却拿了红色，然后又纠结、反悔。

2. 对一切都要求“一致”

我们在“秩序敏感期”的相关文章里讲过，某一阶段孩子会喜欢过有秩序的生活，这样能够给他们带来安全感。

这个阶段的孩子，时间观念是以事件作为标准的。比如，每天睡前的最后一项是讲故事，如果故事没讲，他们就会觉得睡觉时间还没到，才不会管现在是不是已经晚上 10 点多了。

两岁多的孩子，认知和我们成人是不一样的，有的小孩为什么非得执着于爸爸每天下班回来都得从前门进来，不然就大哭呢？这是因为在他的认知里，前门进来的是一个爸爸，后门进来的是另一个爸爸。

等他快长到三岁的时候，内心就比较安定了，会开始接受环境和事物的变化，尝试新鲜事物，不再用苛求“一致”的方法使自己感到安全。

3. 固执、不听话，其实是为了获取安全感

有时候，孩子是因为不确定一些事情才霸道、不讲理的。

对于小宝宝来说，世界那么大、那么复杂，要是有一小部分他能做主，他就会有安全感。

他们还没有形成挫折耐受力。因此，事情不如他们的意时，如别人没能明白他们的想法，他们想要什么东西却没得到，他们的眼睛与手指、头脑不协调时……孩子往往会瞬间崩溃、哭闹、胡乱踢踹。

4. 没有社会意识

这个时期的孩子还没有社会化，因此当情感爆发的时候，他们完全不会在意自己身处何地，会吸引谁的注意或妨碍谁。想哭就哭，想闹就闹，哪怕是在人来人往的商场，也照样哭闹不止。

03　如何引导这一时期的孩子

1. 说孩子听得懂的话，说具体一些

若是你对孩子说“待会到商场里要乖乖的哦”，他可能不明白你要表达的意思，“乖乖的”这个词对于他来说太抽象了。

何谓“乖乖的”？不哭不闹？不让妈妈抱？

所以，我们最好换成具体的语言，比如，“到了商场里，你要拉着妈妈的手，拿东西时要先问一下妈妈”。

2. 把不适合孩子碰的东西收起来

这一时期，孩子走得很稳了，他的好奇心又重，腿能把他带到家里的各个地方，他会爬上爬下、翻箱倒柜。

家里不适合孩子动的地方太多了，他拿这个不行，碰那个不行，这里不能去，那里不能玩，我们就会不停地对他说“不”。

然而有限制就会有反抗，你越是不让他做什么，他可能就越想做什么。

既然如此，何不把家里危险的花瓶、电器、刀具等危险品都收起来呢？保持家里起码有一两个区域是孩子可以畅通无阻、随意探索的。这样孩子听见“不”这个字眼的次数就会大大减少，权力争夺情况减少了，孩子就会少一些叛逆。

3. 选择开放性的玩具

很多读者会奇怪，为啥家里那么多玩具，孩子都两岁多了，还是喜欢黏着妈妈，不肯自己玩呢？

有些宝宝的玩具确实很多，但都是一些声光电的玩具，按一下按钮就是唱歌，按一下按钮就是唐诗，没有变化性。

孩子更喜欢的是一些简单的，却能够千变万化的玩具，这样才能发挥他们的想象力和创造性。

在开放性的玩具面前，他们才会有专注力，才能自己开心地玩耍。

4. 跟孩子约定规则

在秩序敏感期，孩子喜欢有规则的事情。我们不妨趁着这个敏感期，让孩子养成一些好习惯。比如把睡前的流程固化成孩子的习惯：喝奶—洗澡—讲故事—睡觉；跟他一起商量吃零食的规则。

在一些事情上，孩子还喜欢自己做主，但只要我们事先跟他商量好，他就不会觉得我们是在掌控他。

当然，就算有了规则，孩子还是偶尔会试探我们的底线。但这是因为孩子自控能力还不足，需要我们监督和引导，跟权力之争导致的叛逆反抗是有区别的。

5. 直接发出指令而非请求

有时我们自以为很民主，却给了孩子讨价还价的余地。

比如，“宝贝，把玩具收起来好不好呀？”孩子一般会回答“不好”。

倒不如直接说：“把玩具收起来，然后吃饭。”

6. 指令要留有余地

谨慎使用“不怎样就不能怎样”这一句式。

比如，“你不把玩具收起来，就不能吃苹果”，这就带了威胁的意味，肯定会激起权力之争。

倒不如直接说：“要吃苹果啦，把玩具收起来。”

孩子可能会说：“太多了，我收不完。”

那我们还可以说：“我们一起收呀。”

在这个过程中，不管孩子是不是出了大力气，我们都要及时鼓励，把这种好的行为强化一下。

7. 有趣的语言

之前的文章里提到过，涵涵两岁多的时候，爸爸问她洗澡不，涵涵说不洗。我立马接着问：涵涵玩水不？涵涵就回答：玩。

涵涵小时候不肯吃一些食物时，我换成有趣的语言和她沟通，她就肯尝试了。比如，看了《我们的身体》后，她知道了食物从嘴里到胃里的过程。在她不愿意吃豆腐时，我会说，让这块豆腐坐一下你的食道滑滑梯，滑到胃里吧，她就愿意吃了。

所以，在跟孩子沟通时，我们可以多用一些有趣的语言，换一种孩子更容易接受的方式，也可以有效减少孩子的“叛逆”行为。

当然，等孩子再大一点儿，懂事了，这些说法就会不管用。不过没关系，我们可以接着调整养育方式。

孩子的嫉妒源自“不自信”和“怕失去”

一个当了妈妈的朋友忧心忡忡地问我：“涵涵妈，为啥我家孩子就见不得我夸别人家娃啊？一夸别的小孩好他就闹脾气，这是不是嫉妒心太重呀？我该怎么做呢？”我笑着反问她：“你老公在你面前夸别的女人，你开心吗？”答案肯定是不开心呀！

对于一些高度敏感的孩子来说，你或许只是出于社交礼貌随口夸夸别人家的孩子，但他会觉得你是在做比较，何况有不少父母在很多情况下确实是通过别人家孩子的好来提醒自己孩子的不好。

前面我们也提到过，因为孩子小，认知水平有限，还没有独立稳定的自我评价，他们对自己的评价完全依赖于他人，特别是来自父母的评价，对他来说非常重要。所以，父母的感觉是：因为我夸了别人家的孩子，所以孩子发脾气。而孩子的真实心理却是：妈妈夸了别人家的孩子，我不够优秀、做得不好，妈妈爱别人不爱我了，所以我很生气。

另外，孩子产生嫉妒心还有一种心理是，想要独占父母——

“妈妈的爱只能是我一个人的，我要独占妈妈所有的爱，不能分享”。如今，越来越多的妈妈开始生二孩甚至三孩，就出现了孩子们争宠、抢妈妈的情况——大宝不让妈妈抱小宝，不让妈妈给小宝喂奶，不让妈妈哄小宝睡觉。

著名心理学家武志红在《为何家会伤人》一书里提到过这一问题，他写道：“中国人的习惯性认识——三岁前的孩子什么都不懂，所以怎么对待他们都可以，是大错特错的。相反，孩子越小，越需要大人特别是妈妈的细心呵护与关注。”所以，生弟弟或妹妹的话，最好拉开年龄差，差三岁比较合适。但大人也不能因孩子的独占欲，而决定是否继续生孩子。从独占到学会分享爱，是成长的必经历程。

我们要明白，嫉妒是人类的天性，是一种很正常的心理活动，每个人都会有，只不过强弱不同、控制力不同罢了。

作为大人，我们肯定不会把嫉妒写在脸上，而孩子就不一样了，他们不懂得隐瞒，心中的想法会鲜明地表现在动作上，出现在话语中。面对比自已优秀而得到夸奖的孩子，面对被父母重点关照的孩子，有些孩子就会产生非常强的嫉妒心。

儿童心理学专家指出，嫉妒心过强会影响孩子的性格形成和人格发展，所以家长要想办法帮助孩子减少嫉妒心理，并教会他们如何克服这种情绪。

1. 不横向比较

家长不要拿“别人家的孩子”来打压自己的孩子，不要总说“你看谁谁家的孩子多好，再看看你”之类的话。因为有时候父母一句无心的话，就会引起孩子的自卑心理，从而激发嫉妒心。

“每个自卑的孩子背后都有一个故事，几乎所有问题都来源于童年时家长对孩子的指责、评判，尤其是比较。也许你随口一句‘你怎么就不如人家……’发泄了自己当时的情绪，殊不知在孩子的心中烙下了深深的阴影。”儿童心理教育专家海蓝博士如是说。

所以，家长在教育孩子时，不要横向比较，而要多多进行纵向比较。让孩子和过去的自己相比，有没有进步；只要有进步，哪怕很微小，也值得鼓励和肯定。不要小看眼下只进步了一点点，累积下来就是一大步。

为防止孩子产生嫉妒心理，我们尽量不要当着自己孩子的面夸奖别人家的孩子，即使夸奖，也要连同自己的孩子一起夸。此外，我们还要经常向孩子表达爱：“你是我们的孩子，爸爸妈妈最爱你。”

2. 帮助孩子发现自己的优点

缺乏自信心的孩子总喜欢强调自己的弱点，总觉得自己不如别人，这种低人一等的感觉极易刺激他们产生嫉妒心理。因此，家长必须帮助孩子充分了解和发现自己的长处。

比如让孩子每天睡觉前在本子上写下一件自认为做得最好的事情，月末进行总结分析，这样就可清晰地看出自己在哪些方面有了进步、哪些地方应继续努力。当遇到困难时，孩子翻开本子，看看自己是如何一点点进步的，就会慢慢变得对未来充满信心。

3. 正视嫉妒，准确引导

其实，孩子的很多行为只是一种情绪反应。从孩子的心理健康角度来看，表现出嫉妒心理，远比压抑这种心理好多了。

所以，当孩子的小脑瓜被嫉妒占据的时候，家长不要刻意回避孩子的这种“阴暗”心理，也不要武断地给他们贴上“自私”的标签一味指责，而要积极帮助他们宣泄、释放这种情绪。

比如主动向孩子表示亲密，抱抱他，并明确告知爸爸妈妈最爱的是他，待孩子情绪平复后，再处理问题。再比如当孩子嫉妒队友比自己的上场时间长时，我们可以提议：“如果你平时加强训练，提高自己的球技，上场的机会是不是就多了呢？”

父母的陪伴和爱是纠正孩子不良行为的良药。因此，我们应该多对孩子倾注爱心，多花时间陪伴他，让孩子内心充满爱，他自然会变得更阳光，拥有更加积极的生活态度。

“大让小”：伤的不仅是大的，还有小的

你身边有没有这样两类人：理直气壮地认为哥哥或姐姐就应该让着自己，他们为自己做什么都是理所应当的；虽然很不情愿，但依然会做出不公平的忍让行为，以此来满足弟弟或妹妹的不合理要求。

“大让小”的传统教育方式，既耳熟能详又顺理成章，几千年来，我们一代一代一直被灌输着这一思想。好像这就是真理，作为年纪大的那一个，就必须事事忍让小的。

“大让小”的出发点是好的，兄友弟恭，爱护幼小，让大孩子学会承担更多的责任。但问题是，这种谦让真的合适吗?

01 大的缺乏安全感，小的任性不听话

虽然我家就涵涵一个孩子，但因为她与姑姑家的小弟弟和舅舅家的小妹妹年龄差不太多，经常一起玩，所以孩子之间闹矛盾这种事时有发生。

每次涵涵跟小弟弟或小妹妹一起玩时，只要对方哭了，爷爷或奶奶从不问缘由，也不管真相如何，上来就训斥涵涵一顿：“你是姐姐，要让着弟弟，你跟他抢什么啊？”“大的就要让小的。”让涵涵懂事点，不要欺负弟弟妹妹。

前几天，姥姥带着舅舅家的小妹妹来家里玩，两人抢玩具，妹妹情急之下对着涵涵的手指头狠狠地咬了一口，涵涵疼得松开手，哭了起来。

姥姥赶紧过来劝架，看到涵涵并未被咬出血后，竟然说：“你看，刚才我们说要走，你还把门关上，不让我们走。要是刚才我们走了，妍妍也不会咬到你了。”

奶奶也闻声赶来，说：“你比妹妹大，要大方一点儿，让着妹妹，给她玩啊！”

“明明是我先拿到的啊，你为什么要我让给妹妹？”涵涵哭着反问道。

我再也忍不了了，很不客气地回应道：“妈，涵涵被咬已经很疼了，为什么你们不教育咬人的孩子，反而要不停地数落被咬的孩子呢？就因为涵涵年龄大一点儿，就应该受委屈、不能反抗，被妹妹欺负、被姥姥和奶奶指责吗？”

涵涵听完我的话，崩溃大哭。

妹妹走后，我问涵涵：“妹妹咬你的时候，为什么不把她推开？”

涵涵委屈巴巴地说：“我的手被咬到了，没办法推。我也怕我一推她，她咬得更紧了。”

“那你可以用另一只手推开她呀！”看着她难过的眼神，我真是恨铁不成钢啊！

涵涵眼里噙满了泪水，一副隐忍又难过的表情，小声嘟囔着说：“可是，奶奶总说，我是姐姐，不能欺负妹妹！”

这时，我的脑海中涌现出无数次两个孩子争抢东西，老人们在旁边冲涵涵念叨着“你是姐姐，要多让着妹妹，要保护妹妹”的场景。

于是，我蹲下来，很心疼地抱着哭泣的涵涵，并告诉她：“‘大的要让着小的’这种说法不全对，如果玩具是你先拿到的并且自己很喜欢，你有权利选择不让的。”

突然，我觉得奶奶刚才逼涵涵谦让的行为对她来说多少有点残忍和无理。奶奶碍于情面，盲目按照“大的应该让着小的”的所谓常理，无视“先来后到”的公平原则，强迫涵涵让出自己心爱的东西，根本就没有顾及一个孩子内心的挣扎和煎熬。这样的“道德绑架”，看似能解决两个孩子之间的矛盾，其实对两个孩子的成长都不利。

正确的谦让，应该是一次愉快的分享，是一种良性的互动，“让”的心甘情愿，“受”的心存感激。家长强迫大的谦让小的，会导致“让”的忍气吞声，“受”的理所应当。久而久之，大的孩子就会变得没有安全感，不敢表达自己的内心需求，不敢争取自己的合理利益，甚至会产生“别人来抢我就应该让”的错误认识，长大后很容易成为不懂拒绝的“老好人”。而小的那个恃宠而骄，会变得霸道、自私、不讲理，甚至目中无人，可以想象这样的孩子长大后的人际关系不会太好。

后来，我跟我妈和我婆婆都详聊了这件事，她们也一致觉得是这么个理儿，不能用“大的应该让着小的”这种简单粗暴的办法行事，而是应该一碗水端平，公正对待，最好能减少干涉，让他们自己寻找关系的平衡点，建立更亲密的关系。

02　我们应该树立老大的权威

现在二孩家庭越来越多，随之而来的就是两个孩子的教育问题。对此，著名犯罪心理学家李玫瑾教授说：“二胎（孩）家庭，家长的教育重点，绝不应在‘护小’，而是要放在大宝身上。”

一位心理学老师给我们讲过这样一段话：“我小时候，家里兄妹三个，因为父母工作都忙，所以我和弟弟几乎是跟着哥哥混大的。在我和弟弟的心目中，哥哥很有威严感和责任感，直到现在我们遇事还愿意听听他的建议。”

父母爱老大，老大才会更爱老二。因为这样一来，老大就不用担心弟弟或妹妹的到来会导致自己被父母抛弃或忽略。父母爱他、重视他，他也会自发地去爱与自己血浓于水的弟弟妹妹。

比如二宝想玩大宝的玩具时，家长可以当着大宝的面告诉二宝：“这是哥哥的玩具，你要征得哥哥的同意才能玩。”或者，外出聚餐点菜时，家长可以多重视大宝的意见，让他感到爱和尊重，感受到自己在爸妈心中的地位。

通常，当父母在家里树立老大的权威之后，会极大地增强他的自信心和责任感，他不仅能照管好弟弟妹妹，更能鉴于这份爱和信任而督促自己变得更好。俗话说，命令只能指挥人，榜样却能引领人。有哥哥或姐姐这个榜样在前，弟弟妹妹也不会事事依赖，而会慢慢懂得什么是规则、什么是独立。

我们带孩子到小朋友聚集的地方，比如小区的游乐场或公园，也会发现，一帮不同年龄段的孩子一起玩，完全不用大人操心，自有大一点儿的孩子出来维护秩序。比如当小一点儿的孩子拿水枪往别的小朋友身上喷水时，大一点儿的小哥哥或小姐姐就会站出来，耐心告诉他，不能朝着人喷水，可以朝墙上或花草喷水，有时还会一边说一边示范，那个小一点儿的孩子也很乐意配合。

奥地利心理学家阿尔弗雷德·阿德勒说过："每一个人都在追求归属感和价值感，成人和孩子都一样。"我们是第一次面对二孩家庭如何教育的问题，他们也是第一次面对兄弟姐妹如何相处的问题。家庭里的每一位成员都需要不断学习，共同成长，一起幸福。

孩子，我宁愿你不那么乖

我曾参加过一个心理咨询师举办的沙龙，其中一位妈妈很困惑，她家宝宝都快三岁了，睡觉时还爱吃手指，严重到把手指都吮吸烂了，还是接着吃，仿佛感受不到疼痛一般。

然后，心理咨询师就问那位妈妈一些问题。在那位妈妈回答的过程中，我们发现，她对自己的教育方式非常自信，甚至她为自己有那样一个人人都夸奖的“乖孩子”感到很自豪。

而我听到她的话想到的却是一个活得很压抑、很令人心疼、很可怜的小宝宝。

那位妈妈说，她希望孩子独立，所以从小一直让宝宝睡婴儿床，再后来孩子跟着爷爷睡。而且她家宝宝从小都是自己睡觉，根本不需要哄睡。

她还说，她非常讲道理，在描述的过程中，可以看出她很欣赏自己的教育方法。比如孩子在游乐场玩时，她觉得应该带孩子回家了，就会很民主地说：“豆豆，你再跳五下蹦蹦床我们就回家吧。”结果孩子跳完五下后，就面无表情地离开了。看到旁边那个因为不肯离开而哭闹的宝宝，她感觉很自豪，为自己有个乖孩子，也为自己的教育方法。

诸如此类的例子她说了很多，但是我们仿佛看到了一个情绪看似很稳定，其实却在压抑自己内心真实想法的孩子。

一个两岁多的小孩怎么可能这么“听话”呢?

一个两岁多的小孩怎么能如爸爸妈妈所说，没有自己特别喜欢、特别感兴趣的东西呢?

一个两岁多的小孩怎么可能每次都做到不用哭闹来发泄自己的情绪呢?

那位妈妈还说，自从自己怀上二宝后，孩子睡觉吮吸手指和被角的问题越来越严重了。然后心理咨询师问她，那你们有没有因为二宝而忽略大宝呢?

她回答说:“没有啊，我反而会更爱他啊。比如我常把他叫到我跟前，跟我一起往肚子上抹橄榄油；还告诉他，这里面是你的弟弟，你来亲亲妈妈的肚子，跟弟弟亲亲，要爱弟弟。”

你看，在这个互动中，她表达过“即使有了弟弟，妈妈也同样爱你”吗?

相反，她看似在跟孩子互动，看似陪着孩子，却一再教育孩子要跟弟弟亲近。

那小孩才两岁多啊！他也只是个孩子，还是一个很没有安全感的孩子！

她还说到一个问题，说她老公当着孩子的面开玩笑说:“看你还能张狂多久，弟弟出来后，我们就更爱他了！”

老师说，孩子是很直接的，这句看似玩笑的话，却能在他心底激起千层浪。结果老师还没说完，就被那位妈妈打断了，她说那是在跟孩子开玩笑。

那位妈妈又问：“我的孩子这么乖，是不是因为他心理成熟比较早？这种现象是好还是不好？”她说现在孩子的性格跟她很像。

老师问她：“那你希望你的孩子将来成为另一个你吗？”那位妈妈说：“我感觉我没有什么不好啊，我这样也很好啊！”

有时候，教育出一个人人夸奖的“乖小孩”，只是大人一厢情愿的自我满足，并非孩子最开心的抉择！

很多时候孩子身上所表现出的问题，根源都在家长身上。如果家长不愿意改变，并且没有改变意识的话，孩子的问题永远得不到解决。

正如上文提到的那个家长一样，她带着孩子离不开吮吸手指的问题来，却不肯承认自己教育方法上的不足。她很固执地以为孩子只需要一个指套，保护手指不被吸破，长大后自然就不会再吃手指了。

可她却没有想过，孩子是不吃手指了，但可能会将情绪转化为其他更严重的问题。

很多心理咨询师都说：小时候表现越“乖”、越“懂事”的孩子，长大之后心理问题越多；小时候表现得越叛逆、越自由的孩子，长大之后往往心智越成熟。

因为小小年纪就很乖的孩子，并不是从心理上达到了某种认知，而是压抑自己的内心和情绪，尽力去讨好大人，让大人满意，让大人开心。

通常情况下，小时候很乖的孩子，长大后会变成不懂拒绝的“老好人”，常常成全别人，委屈自己。

一个连在妈妈面前都不能随意哭闹、发泄自己情绪的孩子，内心该是多么压抑啊？

孩子能够在你面前哭，说明你让他有足够的安全感，知道你会对他的情绪照单全收，全盘接纳。这种无条件的爱和养育，才是孩子健康人格形成的基础。

那么，一个完全按照别人的意愿活着的孩子，表面看似很独立，内心真正独立了吗？

他连自己想要什么、喜欢什么都不敢说，不敢去追求，何谈内心独立呢？

所以，这个案例给了我们以下启示：

1. 三岁之前，孩子很需要安全感，特别是来自母亲的安全感。如果母亲不能给予，奶奶或者姥姥也可以替代，但绝不是没有母性特征的爷爷或姥爷可以给予的。

2. 不要总是给孩子讲道理。你们是亲人，需要感情表达与表露，不是上下级关系，也不是告知与被告知的关系。孩子需要的是同理心，而不是道理。

3. 不要让孩子用压抑自己真实的想法来讨好大人，你开心了，他的心却在滴血。

4. 孩子不黏着你不表示他很独立。真正的独立来自内心的强大，来自敢于直面自己。

5. 爱和陪伴能让孩子变得更强大，但不是前文那位妈妈自以为的那种“爱”和“陪伴”。

总之，我宁愿我的孩子不那么乖，不那么懂事，该哭哭，该闹闹，我也不愿他压抑自己而讨好我。

我们要允许孩子慢慢来，因为成长需要一个过程。我希望他有正常的叛逆期，有“可怕的两岁”，有童年的欢闹，有青春期的不羁，经历了该经历的一切，才能自然成熟，自然成长；而不是靠压抑自己，表面很乖，内心却永远没有成长！

所以，孩子，我宁愿你现在不那么乖，在爸爸妈妈面前尽情地展现童真。因为我对你的爱，虽有原则，却无条件！

学会拒绝和被拒绝，是孩子人生中的重要一课

说到拒绝，相信很多成人都没有学会。因为害怕拒绝而劳心劳力，经历种种为难帮助了别人，但人家却不一定会领情。结果，原本想维护的关系不但没有因此保住，反而快速消亡。不懂拒绝的人活得最辛苦。所以，作为父母，一定要教孩子学会拒绝、敢于拒绝、善于拒绝，让孩子活得真实明白，活得开心快乐！

涵涵在成长的过程中，也遇到了一些因不懂得如何拒绝而困惑的事。比如她会问我："妈妈，美术课上，有个小朋友，自己画得不好，想跟我换，还说如果我不换就不跟我玩了，怎么办呀？"还会问："妈妈，我们班有个小朋友不让我跟另一个小朋友玩，不然我就不是她的好朋友了。可他们俩我都喜欢，该怎么办呢？"

我蹲下来，看着涵涵的眼睛说："跟小朋友相处，涵涵懂得在意对方开不开心，这是正确的。但如果涵涵觉得委屈，可以选择拒绝，哪怕做不成朋友，都没有关系。真正喜欢你的人，是不会因为

你的拒绝而不高兴的。”

这段话，涵涵肯定不能完全听明白并充分理解。于是，我继续问她：“还记得《木木熊，快来》里面的木木熊吗？”涵涵点点头，说：“嗯，记得。小动物们都说他特别可爱、特别善良，总是随叫随到。”

“是的，木木熊真是一个好好熊先生，他整天忙着帮朋友们做这做那——帮豹子刷毛皮大衣，帮猫头鹰照顾猫头鹰宝宝……都没时间做自己真正喜欢的事，这让木木熊觉得很不开心。”我接着讲道。

“后来，木木熊学会了拒绝，他不要做什么好好熊先生了。对于小动物们的各种请求，他再也不木木地点头说好了。他重新开始拉他喜欢的小提琴，在琴声中做自己的白日梦。他发现，大家并没有因为他的拒绝，便不再跟他做朋友，反而纷纷赞叹他是‘一个好棒的熊明星’。”听完故事的涵涵，紧皱的眉头舒展开了，看上去有了一点点释然的感觉。

木木熊的故事告诉我们，要尊重自我的真实感受，不要因为满足别人而委屈自己，有时候大胆拒绝比违心接受更重要。

除了借助绘本，在平时的生活中，我们还可以怎样引导孩子学会拒绝呢？

1. 让孩子知道在什么时候说“不”

著名作家毕淑敏曾说：“拒绝是一种权利，就像生存是一种权利。”父母要明确告诉孩子，在什么情况下说“不”。

第一，当他人的要求违背了做人的基本原则，甚至违反了法律规定时，比如考试要求帮忙作弊、被怂恿打群架等，要果断说“不”。

第二，当别人的要求和自己的意愿相冲突，自己并不想做时，比如美术课上同学要拿自己画得不好的画与涵涵交换，新买的玩具被大人逼着让给妹妹玩……无须委屈自己，取悦别人，要勇敢说“不”。

第三，对于超出自己能力范围“力所不及”的请求，不必死要面子活受罪，把自己弄得苦不堪言，要坦然说“不”。

在小品《有事您说话》中，郭冬临饰演的郭子就是一个小人物，却在领导、同事、朋友面前夸下海口，说自己可以搞到火车票。于是，很多人都来找他买票，他觉得拒绝了就意味着自己很无能，便一一答应下来。结果，从夜夜到车站排队买票到自掏腰包买高价火车票，郭子把自己搞得身心俱疲。

2. 让孩子坦然接受拒绝

孩子在未来的人生路上会遇到各种各样的拒绝，包括熟悉的人和不熟悉的人，所以，我们在教孩子学会拒绝的同时，教他学会坦然接受拒绝也很重要。

有一次，涵涵略带挫败感地问我：“妈妈，我想玩嘟嘟的小汽车，他为啥不给我玩呀？”

我觉得应该让她趁早明白，当别人拒绝你时，你应该坦然接受。

“你现在是不是感到有点委屈？”我问。

涵涵点点头：“昨天我还把自己的朵拉玩具借他玩了。”

“今天他拒绝了你，你觉得不太公平，很不开心？”

涵涵噘着小嘴，又点了点头。

“要是我，我也会不开心的，因为没有人喜欢被拒绝。”我表达了自己对她沮丧感的认同。

“但小汽车是嘟嘟的呀，他有权决定给你玩还是不给你玩。如果你很想玩，不妨用你的朵拉玩具去交换试试。”我鼓励涵涵自己去沟通、去交换。

慢慢地，孩子就会明白，被别人拒绝是一件很正常的事儿，要以平常心来坦然面对。

3. 家长不要越俎代庖

对于别人的不合理要求，有些孩子的内心是极不情愿的，但因为胆小不敢说“不”，家长看不得孩子为难，就会主动站出来替孩子说。这样就会导致孩子的胆量越来越小，越来越不敢开口拒绝。

对于这类孩子，家长要引导他把“不”字说出来，并在他勇敢说“不”后及时表扬，起到强化的作用，增加孩子敢于说“不”的勇气。

4. 自我认同感真的很重要

有些孩子无法说出“不”字，是因为潜意识里怀疑自己，觉得自己比别人差，即使自己已经很优秀了，内心仍然担惊受怕，总会无意识地讨好他人，特别渴望被认可。简言之，就是自我认同感太低。

可是，若你总是拼了命地去讨好别人，以换取一点点爱和关注，卑微而不自重，别人就会觉得你的讨好和牺牲是理所当然的，从而越发不尊重你。渐渐地，你就会变成一个可有可无的角色，虽然没有得罪任何人，却也不被任何人欣赏和喜欢。

生活已经很累了，别人接受不了你的拒绝是他自己的事情，我们没必要为照顾别人的情绪而不断委屈自己。好好爱自己才有能力去爱别人，自己委曲求全巴结来的所谓“和气”，非常经不起考验，如果你一次没帮忙，那么前面帮了的九十九次就会瞬间化为零。

第七章

阅读是一辈子的修行

——爱孩子，请让他爱上读书

为什么一定要陪孩子读绘本

朋友圈里经常会看到很多人阅读打卡，给幼儿园的孩子读《成语故事大全》《孝经》等。倒不是说这类书不好，作为中华民族的文化瑰宝，怎能不好？但关键是，我们给孩子选书不是应该分龄分级、适龄适性吗？

小孩子的读图能力比大人要强，相比大段大段不认识的文字，生动有趣、颜色鲜亮的绘本更符合孩子的思维特点，更能激发孩子的阅读兴趣。绘本，是国际公认的“最适合幼儿阅读的图书”。

很多父母都希望孩子读过的书能起到立竿见影的效果，就拼命对他们进行“填鸭式”灌输，一味地要求死记硬背。结果就是，很多孩子熬过高考进入大学后就失去了学习的动力，在人生本该努力的年纪选择了混日子。

一位重点大学的教授曾经跟我说，很为那些虚度大学时光的孩子感到惋惜，难道他们是迫于高考压力，“无趣”的课本读多了，才厌恶读书？如果他们从小就读有趣的书，养成良好的阅读习惯，会不会觉得读书比上网刷剧、打游戏更有意义，越读越想读呢？

“日本绘本之父”松居直先生曾说过：“图画书对幼儿没有任何‘用途’，不是拿来学习东西的，而是用来感受快乐的。”看着那些幽默风趣的绘本把小朋友逗得哈哈大笑，我们的内心肯定也是甜蜜无比的。通过读书收获到的快乐，肯定跟美食所带来的快乐是不一样的。

除了能让孩子感受到快乐之外，绘本还能给孩子带来什么好处呢？

01　让孩子了解自己，接纳自己

学前儿童生理启蒙必备书《我们的身体》，通过翻翻页、推拉页、转盘机关、3D 羊水袋等新颖的形式，让孩子在不断的惊喜和好奇中充分认识自己的身体——从生命的诞生及生成，到身体器官大揭秘，再到认识不同性别身体的差别，让孩子学会保护自己，学会自卫。

读《菲菲生气了》《生气汤》《我变成一只喷火龙了！》等绘本，能够让孩子了解自己的情绪来源，适当地表达自己的情绪，接纳那个有负面情绪的自己。

有个妈妈曾经问我，《别让鸽子开巴士！》这本书究竟有什么意义，整篇就是一只鸽子在不停地自说自话。其实，如果用心阅读，你就会发现，那只撒娇、耍赖、哀求，用尽各种手段想要开巴士的鸽子，像极了那个坐在我们身边的孩子。

我们的孩子有时候就像这只鸽子一样执拗，越是不让做的事就越想做。此时，我们与其苦口婆心地跟孩子讲大道理，倒不如高高兴兴地和孩子一起玩角色扮演的游戏，让他们在趣味十足的互动中学会换位思考，理解父母。

02　让孩子了解大自然，用阅读丈量世界

孩子对世界有着天然的好奇心和旺盛的求知欲，我们要做的就是，保护好孩子的求知欲，引导孩子主动学习和探索。比如涵涵从三岁开始到现在，一直对大自然、动物充满了好奇。我发现，她阅读的相关书籍越多，探究学习的兴致就越浓。

读完《二十四节气》，孩子就会知道，一年有四季，五天为一候，三候为一个节气，六个节气就是一个季节；也会了解“春分燕归来，白露燕南去”的自然现象；还能明白“不知细叶谁裁出，二月春风似剪刀”是什么意思。

一天，我带涵涵去山里玩，听到蝉鸣声，我就问她：“涵涵还记得如何分辨蝉的雌雄吗？会鸣叫的是雄性，不会叫的是雌性。”

涵涵马上反驳说：“不对，不管雄性还是雌性，所有蝉都会鸣叫。”话音刚落，她马上意识到自己说错了，改口道：“哈哈，妈妈说得对。我把蝉和萤火虫搞混了，萤火虫是无论雌雄都会发光。”

“那涵涵还记得萤火虫如何分辨雌雄吗？”“当然了！雌性的萤火虫肚子末尾的发光器只有一节，而雄性的有两节发光器。”看着越来越自信的女儿，我真是打心底里为她高兴。

读书不仅可以扩展孩子的视野，增长他们的见识，还有助

于增强孩子的自信，拓宽其人生格局。那我们为什么不趁着孩子还小，趁着阅读黄金期，借助书籍的力量把孩子送到更远的地方呢？毕竟最好的学区房，就是你家的书房。

03 提升孩子的审美能力

那些能够畅销几十年的经典绘本，大都出自最了解儿童心理的世界级绘画大师之手，他们出色地运用绘画技巧和语言功底，将图画和文字完美地结合，使得绘本既有色彩、线条、构图的美，又有节奏、韵律、情节的美。

试问，每天在艺术熏陶下长大的孩子，将来的审美能力会差吗？审美教育要从娃娃抓起，父母需要创造环境和机会，让孩子从无到有，从零到一。如果你的孩子从小没有受过这方面的熏陶，从来不接触图画和颜色，那么很难想象他长大以后的审美水平会怎样。

04 绘本是儿童早教的“大功臣”

在孩子三岁前进行早期教育的主要任务是发展其感知觉能力，即有目的、有计划地对孩子的感觉器官施以良性刺激，促进其视觉、听觉、触觉、嗅觉、味觉的发展。

在孩子还小，脚不能到达太远地方的时候，书能带孩子先去体验。比如通过有声书让孩子知道各种动物的叫声，知道风声和雨声等；在玩洞洞书、翻翻书的时候，孩子的精细动作也会得到发展。

如果你没有给孩子报早教班，就借助形式多样的绘本自己在家进行“一对一”的早期智力、思维的开发吧；如果你报了早教班，在家通过有趣好玩的绘本进行巩固练习也很有必要！

05　绘本能培养孩子的阅读习惯

好多人是先接触了“有趣的书”，再去读了“有用的书”。所以，每当被读者问怎样培养孩子的阅读习惯时，我总是告诉他们，先给孩子看有声书、翻翻书、立体书、洞洞书等有趣的游戏书吧！让孩子爱上书，慢慢地，他就会爱上书里的内容，进而养成阅读习惯。

孩子读完有趣的书，越读越觉得自己要了解的知识很多，就会去读一些虽枯燥但有用的书。正是那些曾经读过的看似无用的有趣的书，让孩子产生了强烈的求知欲，激发了他们的好奇心，形成了他们主动爱读书的内驱力，养成了阅读的好习惯。

陪孩子读绘本的六大雷区

孩子初读绘本时，很多家长会踩到一些雷区。下面就结合大家平时咨询频率较高的几个问题，来谈谈我的一些个人看法。

01 读绘本，要不要照书念

有的家长担心，如果照书念，孩子会不理解意思，所以就转化为了口语。其实，你完全可以结合着来，睡前给孩子讲一个口语化的故事，像《白雪公主》《狼和小羊》等。但读绘本时，我建议还是照着书念。抑扬顿挫注意一下，感情投入一些，就可以了。

为什么不建议转化为口语呢？因为口语是好理解，但你确信我们的文字功底比大师级的绘本作者强吗？好绘本的语言往往是朗朗上口、很有韵律的，句子在重复中有变化，像蒙施爷爷写的绘本，里面有很多排比、比喻之类的修辞手法，这是我们说口语时很少会说到的。

所以，我们平时可以用口语讲故事，但读绘本时还是应该尽量照书念，保持语言的原汁原味。这样可以给孩子输入书面语言，让他们能够接触到更多的词语，从而提高表达能力和写作能力。

02　孩子总以听为主，不主动讲怎么办

平时，我们在陪伴孩子的时候，有些问题需要特别注意。比如，孩子画了一幅画，兴冲冲地拿给你看，你一定不要应付了事，随口说句“画得真棒”，而是要很有兴致地鼓励孩子讲讲画里都是谁，发生了什么事等。这个时候，小朋友通常是很有表达欲的，会吧啦吧啦说个不停，你只需追问“还有呢”，直到孩子说“没有了”。

还有，当孩子给你讲自己看过的动画片时，请不要随意打断，认真倾听就好；当孩子玩“假装游戏”时，会时不时对着空气说话或者和一个玩具自言自语，忙得不亦乐乎，请不要担心、不要打扰、不要取笑，任他自由发挥想象力和创造力吧……对孩子的逻辑思维能力和语言表达能力来说，这些都是非常不错的锻炼机会。

如果这些你都做到了，孩子仍然以听为主，不主动讲，就可以有意识地引导他说。

比如每天送涵涵去幼儿园的路上，我就会引导她回顾昨晚讲过的故事。如果直接说“还记得昨晚讲过的绘本吗？给妈妈复述一遍吧”，孩子肯定没兴趣。不妨换一种说法，用请教的形式来问：“涵涵，昨晚讲的那本书里，苏和的白马是怎么死的？妈妈都想不起来了。”孩子肯定乐意告诉你，并且连带着前后的情节就出来了。

有时候碰到同类作者或是相似场景，我们也可以运用联想学习法，抛出问题，让孩子回忆相关绘本的内容。我们还可以跟孩子一起玩添加故事情节和改编故事结尾的游戏。这些都是让孩子主动讲绘本的方式，在玩中讲，更能锻炼孩子的语言能力和思维能力。

03　孩子喜欢跳着读怎么办

很多妈妈问道:“涵涵妈，我家小孩拿到书后，不喜欢从第一页看起，总是一下翻好多页，从中间读起，他是不是对书不感兴趣啊？”

其实，妈妈大可不必担心，孩子喜欢跳着看，那就随着他的节奏来就好。比如有的孩子喜欢兔子，就喜欢看书里有兔子的部分，我们完全可以把那一页挑出来反复讲，还可以就着孩子的喜好，把家里有兔子的绘本都讲一遍。

孩子的精细动作发育是需要一个过程的，年龄小一些的孩子不会一页一页地翻书，常常没个准头，一翻就翻过去很多页。这是孩子成长中的必然现象，无须焦虑。

前几天，涵涵放学回到家，看见书架上放着一套新书，就赶紧洗完手迫不及待地翻开看。只见她边用小手翻着书页，边自我讲解:“这是蚁后，她产下好多卵，工蚁们在给她提供食物……”

关于昆虫和动物类的书，一般都是爸爸陪读的，所以，不识字的涵涵光看着图片竟然能讲这么多，我有所怀疑。于是，在她看完那本书后，我悄悄拿起来翻到蚁后那一页，还真是像涵涵讲的那样呢。顿时，我的疑虑变成欣慰，脸上露出了老母亲般的笑容。

遥想当年，我们家这个“小小人儿”拿到书后就是翻着玩，一次翻多页是常事。我很庆幸没有强制要求她从第一页开始读，她想看哪里，我就讲哪里。如今，小家伙拿起一本书，看着图片就能从第一页讲到最后一页，这都是每天坚持的结果呀！

所以，无论孩子是一下翻五页还是十页，都不用担心，因为孩子肯看书本身就已经值得庆幸了。读书这件事儿，给孩子多一点儿主动权比较好，不要限制太多。好的教育从来都是春风化雨、润物无声的。

04　请记得，亲子阅读的主体是孩子

我们从小带孩子读绘本的目的是什么？当然是希望他能够养成良好的阅读习惯。良好的习惯靠坚持，而坚持的动力和前提是有兴趣。不感兴趣的事儿，谁愿意坚持下去呢？

我们想要孩子一直安静专心听故事，想要他认认真真地从第一页读到最后一页，同时又会嫌他的问题太多，打扰了我们的阅读思绪等，都是因为我们忽略了——孩子才是亲子绘本阅读的主体。

虽然孩子是亲子阅读的主导者，但父母的陪伴、互动式的阅读也至关重要，不要急着让孩子开始自主阅读。从亲子阅读向自主阅读过渡的过程中，父母要多花一些精力做好孩子兴趣的培养，激发孩子主动关注阅读内容，不断扩大阅读领域。

涵涵从一岁多到如今五岁八个月，都是以我读她听为主的。曾经我也以为，涵涵还不具备自主阅读的能力，可录完“小猪小象”系列故事之《我们一起玩吧》后，我们打打闹闹着表演其中的

片段，她对我说“妈妈，这句话要用比较伤心的情绪说出来”，我才明白，为什么她表达出来的台词比我讲给她听的语言更切合场景、更有味道。原来，她懂得语言，懂得运用语言，并且有语感。

当孩子在阅读中感受到语言的魅力、体会到快乐时，他就会更加热爱语言，也会更加热爱学习语言。所以，永远不要小瞧我们的孩子，也不要急于求成，聚沙成塔，坚持读下去，孩子总会给你带来惊喜。

05 孩子喜欢反复听一个故事怎么办

很多家长会发现，孩子在一段时期内很喜欢重复做一件事，比如重复玩同一个游戏、重复听同一个故事、重复问同一个问题等，并且年龄越小的孩子越是如此。这是为什么呢？心理学家指出，喜欢重复做一件事情是幼儿共同的心理特点，重复是他们最好的学习方式。

相信妈妈们都带自己孩子坐过摇摇车吧。小家伙会选中一个（或是飞机，或是小白兔，或是其他造型）反复坐，你建议他多尝试，换一个都不行。突然有一天你发现，一直重复坐的那辆摇摇车里的儿歌，孩子大部分都能唱出来了。这时我们才恍然大悟，原来小家伙是在学儿歌呢！

孩子一再要求反复讲的那个绘本，肯定是他特别喜欢的故事，想要多听几遍。换句话说，这个故事可能会引起孩子心理上的共鸣，在听父母讲的过程中他能够体验到安全和愉悦。当然，也有可能是这本书里有孩子不清楚的地方，所以想要多听几次搞明白。

所以，别怕重复，这是孩子学习的一种方式。妈妈若是没有足够的时间，可以换其他家庭成员来讲，或者拿手机录下来，反复播放，满足孩子的这种“重复”的需要。

06　孩子吃书、撕书怎么办

经常有妈妈问我：“涵涵妈，我们家孩子快一岁了，给他一本书，他根本不看，老咬老撕，这可咋办？”“我家二宝不但撕书，还吃书，大人一个不注意，就吃进嘴里了，真是愁人啊！”……

其实，孩子最初并不知道书是用来读的，他们会把它当成玩具，拿在手里用口腔探索一番，撕着玩一玩。这是因为，“咬”“撕”这些动作是一两岁的宝宝感受世界的方式。对于他们来说，比起看书上的图画，把纸咬成一块块、撕成一条条更有意思。

其实问题很好解决，给孩子买几种撕不烂的书就好了。比如结实撕不坏的布书、厚实撕不开的硬卡纸书等。不用多，两三本就好。如果家里暂时没有这类不怕撕的书，就找本便宜或者没用的书，让孩子尽情撕吧。

对于大一点儿、能听懂话的两岁以上的孩子，如果因为生气而把书撕了个“五马分尸”，父母不要批评，待他情绪稳定后，先拿胶带或胶水跟孩子一起把书修补好，再耐心教育吧。

亲子阅读“六不要”

阅读本来是一件很快乐的事情，因为孩子的求知欲是很旺盛的，他们渴望去探索未知的东西，并且很享受阅读带来的成就感和满足感。可是，不恰当的亲子阅读，却能将这些都毁掉。

01　不要考试性阅读

“你看，这个是什么动物呢？用英语怎么说？妈妈教过你的。”我带涵涵去图书馆看书时，经常会听到这样的声音。如果把阅读变成一场考试，那永远体会不到阅读的快乐，也会破坏听故事的连贯性。我不是反对阅读的时候提问题，而是反对提考试性的问题。

在跟涵涵一起读绘本时，我经常启发她思考这三点：第一，由本书联想自身经历；第二，由情节联想其他绘本；第三，通过听故事想到了哪些事情。

如此引导一段时间后，我发现涵涵已经开始主动这样思考了。比如根据插画风格能判断出作者，根据内容情节能联想到其他绘本中的类似信息，等等。

总之，父母在亲子阅读中的提问需要掌握一个度：不打断阅读的完整性，不设置标准答案，让提问成为一种自然而然的延伸，而不是孩子的负担。

02　不要为识字而阅读

认识字的人很多，但会阅读的人很少。只认识字而不知其意，那你学到的知识就是死的，不能活学活用，就不能转变成自己的能力。

陪涵涵亲子阅读已将近六年，这期间我从未指读过。因为绘本这么好的东西，我不想把它变成一个仅仅用来识字的工具。当别人用怀疑的眼光看着我说“你家涵涵读了那么多绘本，怎么识字这么少”的时候，我只是礼貌性地笑一笑。因为只有我知道，而他们也终将知道，我的孩子通过阅读到底得到了什么。

识字，任何时候都可以学，任何正常人都能在短期内掌握，但通过绘本阅读逐步发展起来的观察力、想象力、语言表达力、图画鉴赏力、逻辑思维能力，却不是一朝一夕就能练就的。

有研究发现，三岁及以下的孩子在阅读时，无论是否有大人陪伴，他们都是从图画里搜索信息，而对文字没有任何兴趣。也就是说，大人是否指读对幼儿来说全无意义。

等孩子到了识字敏感期，不用父母刻意教，他们也会主动热情地学习。并且我也发现，通过自然而然的阅读积累，涵涵虽然没有专门学识字的孩子认识的字多，但也认识了不少汉字。所以，千万不要为了一片树叶而放弃整个森林。如果绘本只被我们当作识字的工具，那就太浪费了。

03　不要总想着归纳道理

我带涵涵参加图书漂流活动时，旁边有一位家长，会在每一个故事讲完后问孩子：“通过这个故事，你学会了什么呢？”然后不等孩子回答，就自顾自地总结一番。其实，想想我们曾经读过的那些书，就算当时没有深刻的体会，但随着阅历的加深和知识的积累，终有一天也会豁然开朗，有所顿悟。

所以，我们只负责给孩子内心留下痕迹即可，内化知识的事情，就交给孩子自己去做吧。你的总结并非全部正确，却会破坏孩子独立思考的能力。你爱讲道理，很有可能会让孩子变成一个爱讲道理却不一定懂道理的人。

04　不要过早地要求孩子独立阅读

经常有家长问：“涵涵妈，我家小孩根本不像你家涵涵一样，会自己看书，总是要我讲。”之前我带涵涵去绘本馆，也发现有很多家长，让才一两岁的孩子自己看书，家长则在一边玩手机。这么小的孩子，自己看不了两页，就不愿意看了。

前文提到过，孩子的听力理解能力和阅读能力，要到八年级的时候，才能达到相同的水平，在这之前，听力理解能力都比阅读能力要好。也就是说，孩子能听懂的故事，不一定能自己看懂。所以，只要孩子愿意听，我们何必早早地结束美妙的亲子阅读时光呢？

05　不要只念文字，不读图

美国波士顿大学的朱迪思·史奇德斯教授提出儿童早期读写行为的四个阶段，分别是：拿书行为、读图行为、理解行为、语用行为。

经常给孩子读绘本的家长肯定会发现，孩子的读图能力比我们强，因为我们大人认识了字，看书时就特别依赖文字，读图能力反而退化。而孩子不识字，但图画书能让他们通过看图就明白大概意思。比如前几天，我跟涵涵玩那套“猜猜看”系列图书的时候，她猜中的概率比我要大得多。

我们念出的文字，输入到孩子的耳朵里，不仅是一句话，孩子还会在大脑中想象出文字所营造的画面，这种联想学习和想象力的发挥可以促进孩子思维能力的发展。所以，读绘本的时候，如果只念文字，那就太浪费了。

而且有些绘本是图画和文字共同来讲述故事的，只读文字，可能故事并未讲完。比如《生气汤》中，在讲述霍斯生气的时候，文字所传达给我们的故事内容是他想不出第三题的答案。

那霍斯仅仅是因为想不出第三题的答案而生气吗？看看图画还给我们讲了什么故事呢？霍斯身后的小女孩举手要回答问题，她知道第三题的答案；霍斯身后的小男孩，头顶着铅笔在做鬼脸，证明他是个捣蛋鬼，就算不知道第三题的答案，也无所谓。

一个“学霸”、一个无所谓的“学渣”，对比之下，更凸显了霍斯内心的难受和郁闷。

绘本中还有这样一句话：琳达给他一封情书。收到情书后，正常人的反应是怎样的呢？欣喜、自豪、害羞？都有可能。但唯独很少会有人生气，那霍斯为什么会生气呢？文字里面没说，但图画里表达出来了。原来是那个小捣蛋鬼知道了这件事，并且大肆宣扬了出来，你说霍斯气不气？

放学之后，霍斯坐在车里的画面是歪斜着的，这可不是印刷错误，是为了反映霍斯此时失落的内心，以及珍珠阿姨开车横冲直撞的情景，画面一倾斜，是不是很有代入感？我们似乎更能体会此时霍斯内心的不满了。

这就是那种图画和文字共同来讲述故事的绘本，小朋友就算不识字，只读图也能猜出故事来。而且很多设计精巧的图画书，文字和图画会组成两个故事。如果父母给孩子读绘本时，只是着眼于文字，就会错过很多精彩的内容。比如佩特·哈群斯的成名之作《母鸡萝丝去散步》，它的图远比文字有意思得多。

单看文字的话，是这样一个故事：母鸡萝丝出门去散步，她走过院子，绕过池塘，越过干草堆，经过磨坊，穿过篱笆，钻过蜜蜂房，按时回到家吃晚饭。文字中对狐狸只字未提，但画面里却有一只狼狈的狐狸，于是整个画面又组成了另外一个故事。

当狐狸的鼻子被钉耙砸扁时，当狐狸一头栽进池塘时，当面粉把狐狸埋住时，当蜜蜂追赶狐狸时，孩子都会哈哈大笑。涵涵只要看到《母鸡萝丝去散步》这本书，就会先哈哈大笑一阵，然后有模有样地在那里自个儿给自个儿讲一遍，而且神情非常陶醉。

所以，如果只看文字，肯定感受不到这本书的魅力所在。

图画给孩子的想象力插上了艺术的翅膀，随着作者自由翱翔。孩子从小看着艺术大师们的精心画作，焉能没有审美能力和艺术气质？

我们读书不仅不能只关注文字，也不能只关注正文。一本经典之作，每一个细节都是作者的心血。比如《母鸡萝丝去散步》这本书的扉页，当你读完整本书，翻过来看的时候，就会发现，它其实是母鸡萝丝去散步时所走的路线图。当你跟孩子读完整本书时，不妨一起回忆一下萝丝走过的轨迹里，哪一处是狐狸遇险的地方，趁机回味一下故事，还锻炼了孩子的观察力和记忆力，可谓一举多得。

其实，给孩子看的书，真不能以我们大人的视角去理解好坏，咱们看着没几个字的书，在孩子看来却是非常有意思的一则故事。就像《疯狂星期二》一样，很多妈妈都说不知道该怎样读。但对于不识字的孩子来说，他们不依赖文字，读图能力非常强，完全没有这种压力。

你有没有发现，孩子在读绘本时，细致到连人物表情都要研究明白。为什么这个人难过了？为什么《朱家故事》和《胆小鬼威利》里面，一开始人物面部轮廓模糊不清，后来慢慢地轮廓清晰了，而且有了自信和笑容？

如果你经常留意孩子的涂鸦就会发现，小孩子一开始画人物的时候，是没有表情的，三岁左右的时候，他们所画的人物才开始有了表情。当他们心情好的时候，画出来的人物是微笑的；当他们难过的时候，可能画出来的人物就是伤心的。从这点来看，孩子真是大师呀。他们会无师自通，像绘本大师一样，用画去表达感受。

当孩子专注于读图的时候，他们的注意力非常集中，也会发现细节带来的小惊喜，他们会觉得阅读是件快乐的事情。

任何事情坚持下去就会成为习惯，而坚持的前提是乐趣。

06　不要强迫孩子阅读

别人强迫你做事，你内心肯定不情愿，就算被迫做了，也是当任务来完成，绝对不会有半点兴趣。同样，我们强迫孩子阅读，反而会破坏孩子本来就有的阅读兴趣。

前些日子我出了几天差，回来后，涵涵奶奶说：“涵涵每天非得听完故事才睡觉，把我难为死了！”

哈哈，你看，当阅读成为一种习惯，就变得跟吃饭、睡觉一样自然而然了。阅读的最高境界是“悦”读。就像我每天要写文章，要工作，晚上还坚持阅读，争取两天读完一本书一样，我不会觉得累，反而很享受。因为读书能带给我愉悦，不读书我反而会难受。

所以，最开始，我们一定要趁着孩子状态好的时候，去做亲子阅读。比如睡前，比如午睡醒来，比如刚吃饱饭时，哪怕最初只能坚持三分钟，慢慢地也会变成一种好习惯。

亲子阅读“六要”

前面讲了亲子阅读“六不要”，接下来我们再说说亲子阅读“六要”。

01　要调动多种感官

跟孩子一起读书，是一件很轻松的事儿。你真的无须正襟危坐，反而可以通过肢体动作调动他的多种感官，像全身反应学习法那样，带孩子一起体验阅读的美好。比如很多人买了我推荐的《蹦！》，却不知道该怎么讲，因为全书只有一个字——“蹦”，难道就不停地重复这个字吗？

我当时是这样给涵涵讲的：宝宝，你看这是一只青蛙，它穿着绿色的衣服，在这里蹦跳着。讲的时候还可以把孩子抱起来，一起蹦。总之，用你的声音和行为演绎让孩子建立起最初的阅读兴趣。

比如那种躲猫猫的游戏绘本，我真的特别喜欢。因为几乎所有的小宝宝都喜欢躲猫猫，涵涵现在五岁多了，还是喜欢躲猫猫的升级版——捉迷藏，每次都能玩得很开心。

我们在跟孩子一起阅读的时候，还可以让读书变得更有趣点，你可以用稍微拉长一点儿的声音说：“猜猜看，翻一翻，会是什么呢？咦……”“哇哦，原来是一只毛茸茸的小绵羊啊。”

在说出答案的时候，可以拿身边的毛绒玩具，在宝宝的小胳膊上蹭一蹭，他就会同时体会到“什么叫作毛茸茸”，这就是联想式学习法。

一个橘子竟然能变成大马，一朵万寿菊竟然变成了一只大公鸡，本来就够新奇、够好玩的了。这时我们可以趁机问宝宝：“咦，那原来的橘子跑到哪里去了？”宝宝会发动他敏锐的观察力，指给你看。这样，观察力和思维能力就完美地得到了训练。

再比如好吃的奶油蛋卷出现时，可以给宝宝和自己一人拿一个，啊呜啊呜地吃起来，也是一种很欢乐的玩法。

02　要认真对待阅读

跟孩子一起讲绘本虽然是件很美妙的事情，但总有累得不想讲的时候。这时我们可以跟宝宝商量换个方式，比如说：“今天你来讲好不好？”如果宝宝说“我不会”，那你就说“能讲多少讲多少，妈妈到时提醒你”。也可以商量：“今天就讲一两本，行不行？”

可以协商，但千万别应付。涵涵爸给涵涵讲绘本时，经常讲完了，自己都不知道讲了啥。每当此时，我就会跟涵涵说：“来，爸爸累了，下一本妈妈给你讲。”

经常讲绘本你就会发现，讲过的绘本，当你读错的时候，一个细微的错误，孩子都会给你指出来——他们可用心了。你若是不用心，状态不好，可以商量不讲，但如果应付的话，孩子也会变得应付阅读，不再爱看书，因为他会觉得没意思。

而当我们真正融入其中时，肯定不会把悲伤的话语用开心的语调读出来，也不会把角色要表达兴奋的内容平淡无奇地念出来。认真阅读，孩子才能体会到语言的魅力和阅读的乐趣。

03　要鼓励孩子翻页、提问和评论

每个孩子都有自己最喜欢的一本书，每本书中都有他最喜欢的那一页。我们在与孩子一起阅读时，可以鼓励孩子自己翻页，或鼓励孩子提问、评论，以此来加强孩子的参与感。

人总是会热衷于自己能参与其中的事情。有一次，我带涵涵去农场体验生活，每个人可以拿回一个自己捡的鸡蛋。归途中，涵涵时不时问问鸡蛋还在不在；回来后，涵涵又追着问啥时候给她煮鸡蛋吃；煮好后，竟然连她不喜欢吃的蛋黄都吃掉了，一口不剩。这只是因为她参与了。亲子阅读也是一样，一定要让孩子有参与感，这样他才会爱上这件事。

04　要绘声绘色地读

孩子三岁前，不太能分清你、我、他等人称代词。比如我给涵涵讲“查理与劳拉”系列绘本时，里面有很多“我说”，涵涵总会问“谁说的呀”。可要是我用男声、女声区分出来，她很快就明白了。

在读宫西达也的《我是霸王龙》这类绘本时，不同角色说的

话，也可以用不同的声调表达出来。这不仅有助于孩子理解，更能增添阅读的乐趣。

另外，孩子特别喜欢听拟声词。每次跟涵涵一起读绘本时，我一念拟声词她都会哈哈大笑。比如《爷爷的肉丸子汤》里：“水开了，咕噜噜，肉丸子揉成团，‘扑通，扑通’下锅了。小土豆，削了皮，‘扑通，扑通’下锅了。小洋葱，咕噜噜，‘扑通，扑通’下锅了。”

当你把拟声词绘声绘色读出来的时候，孩子脑中就会自动浮现出老爷爷煮汤的情景，同时，绘本也被讲得惟妙惟肖。

05 要角色扮演

我们还可以跟孩子分角色朗读绘本。去年我跟涵涵去电视台讲故事时，就是分角色扮演的《猜猜我有多爱你》。我发现角色扮演后，涵涵更加熟悉这个故事了，甚至能一个人复述出来，这无疑锻炼了她的记忆力和语言组织与表达能力。

绘本中有很多对话式的语言，都特别适合拿来玩角色扮演的游戏，比如《鳄鱼怕怕 牙医怕怕》《逃家小兔》等。

06 要看到画面

有的家长觉得亲子阅读很重要，那好，每天就给宝宝读书听吧。这样做虽然也有效果，却不太好。我们可以把孩子抱起来，让他坐到我们的大腿上，这样孩子在听大人读绘本时会看到画面，让阅读更有意义。当然，若是不方便看图时，只听音频也是可以的。

别把三十元的绘本，读出三元钱的价值

绘本的价格相对来说不算低，一般一本精装版的绘本要三十元左右，有的书甚至一本就要上百元，所以我们千万别把三十元的绘本，只读出三元钱的价值。

绘本一般分为封面、环衬、扉页、正文、封底这几个部分。很多父母在和孩子一起阅读绘本时，常常直接从正文开始读。其实，阅读绘本正确的方法是从头读到尾，也就是从封面读到封底。当然，有些精装书还有护封，也可以和孩子一起看看。

01　封面如何读

绘本封面或护封上的图画，通常涵盖了故事中最关键的要素。经典绘本的封面设计都十分巧妙，它一下子就能抓住孩子的眼球，连我们大人都忍不住想赶紧知道里面到底讲了什么，何况好奇心更强的孩子呢？

所以，在阅读前，不妨跟孩子一起猜猜这本书的内容。比如

《迟到大王》，看封面就能猜到，这本书讲的是图画里这个小男孩迟到的故事，那封面上的老师会如何处理“迟到”这件事呢？小男孩又为什么会迟到呢？不妨猜一猜，既能发挥孩子的想象力，还能提高孩子的语言表达力。再比如《五岁老奶奶去钓鱼》，看封面确实是个老奶奶呀，那为啥她只有五岁呢？老奶奶身旁的那只小花猫又是怎么回事呢？

02　可别漏看环衬

环衬是封面或封底与书芯之间的一张衬纸，因其以两页连环的形式被使用，所以叫“环衬”，也有人形象地称之为“蝴蝶页”。

不少绘本的环衬仅仅是白纸或者彩色纸。但不管是白纸还是彩色纸，都是大有讲究的，它们的颜色往往与讲述的故事十分吻合，是经过精心挑选的。还有的环衬跟故事内容息息相关，比如《威利和朋友》这本书的环衬是两根紧紧挨在一起的香蕉。威利是大猩猩，猩猩爱吃香蕉，所以这两根香蕉代表两个好朋友。

而有的环衬则会说出故事之外的另一个结尾。比如《隧道》这本书，前环衬下方只有一本书，到了后环衬，书不但从花卉图案的墙纸上移到了右方的红色砖墙下，还多了一个足球与书靠在一起，似乎象征了兄妹的和解。

03　会讲故事的扉页

扉页通常会告诉我们故事的主人公是谁，它有时还会讲故事。比如《威利和朋友》的扉页上是一件花背心，读完故事，你会发现，最后威利和朋友一人穿了一件同样的背心。

再比如《老虎来喝下午茶》的扉页上，温顺的老虎笑眯眯地跟女孩依偎在一起喝饮料，原来老虎也有不可怕的，赶紧看看，这是咋回事呢？而《我的壁橱里有个大噩梦》的扉页上，是一个神秘的壁橱，噩梦在哪里？孩子们已经迫不及待地想要打开看了。

04　细细品读正文

每一个孩子都是读图的天才，只要故事在图画上表现出来，孩子的眼睛就会发现它们，甚至还能发现大人忽视的细节，读出意想不到的效果。

之前我跟涵涵一起读《蚂蚁的一天》，若不是她告诉我只有主人公缇娜有眼睛，我都没发现这一点。还有《朱家故事》，涵涵看到后面说："哦，原来他妈妈是这样的。"我才发现，一开始妈妈的脸都是模糊的，因为她不快乐。有时，一些主人公的微表情，她都能发现，并且问我："为啥她不开心呢？为什么他要做出这样的动作呢？"

读《丢饭团的笑婆子》时，涵涵问我："妈妈，这么小的房子她住哪里呢？"

这些细节，我们专注于文字的大人很少能够发现，更别说去思考了。但不识字，只会看图的孩子却不会放过。还有些书只看文字是看不完故事的，还需要看图画。

《儿童文学的乐趣》一书中写道："一本图画书至少包含着三个故事：一个是文字讲述的故事，一个是图画暗示的故事，还有一个是文字与图画相结合而产生的故事。”

05　神奇的封底

有的绘本封面和封底连在一起会构成一幅图画，所以我们可以同时翻看封面与封底。比如《动物绝对不应该穿衣服》这本书，单看封面，就是一头豪猪穿着衣服站在这里。你若是把封底也展开，就会发现，哦，原来豪猪是站在这里照镜子呀。再比如《神奇的水彩》这本书，看到结尾的时候，你根本看不清楚，到底妹妹画了一幅怎样的画让哥哥惊讶到四脚朝天，直到翻开封底，才恍然大悟，哦，原来是这样一幅艺术大作啊！

《第一次上街买东西》的封底也是在阐述正文中没说完的情节：美依回到家里后，妈妈帮她贴上了创可贴，她的一条腿搁在妈妈的身上，跟妹妹一起喝她新买来的牛奶。

当然，我们也可以借助思维导图精读绘本，精读绘本还包括问一些开放性的问题，启发孩子去思考；也可以给故事换个不同的结尾，锻炼孩子的创作力和语言表达能力。

我们在跟孩子一起阅读的时候，这些方法都可以运用起来，这样才能真正发挥出绘本的价值。

只读“有用”的书，根本不是阅读

现代人的生活节奏快了，人心变得很浮躁，育儿焦虑也多。宝宝还在学龄前，刚读了几本书，家长就开始考虑读的书有用没用了。然而很多学问，并不是立马就会有用的，而是在不经意间，它会突然帮你抓住某个机遇，助你一臂之力。这时候你就会发现，之前学过的知识都没有白费。

所以，在孩子小时候，思维和习惯的培养比知识的灌输更重要。比如，孩子能够提高自我意识和自我价值的认同、思辨能力、解决问题的能力，肯定比孩子多背几首唐诗、多认几个字更重要。当然，二者并不冲突，是可以同时掌握的。

前些日子，一个朋友问我：蜘蛛是不是昆虫这类问题考试又不考，给孩子看这些书有用吗？涵涵看了两年关于昆虫和动物的书，她了解了很多相关知识，那些知识高中生物里都没有讲，考试也不考，有啥用呢？说实话，我也不知道有啥用。但她喜欢，我就愿意给她买。至少这些书能够满足她的好奇心，让她越来越渴求知识，让她在与人交流时，能成为话题的主导者，从而更加自信。

上高中时，我们班有个打算学理科的女生，问过我一个至今令我记忆犹新的问题：“四大名著是什么？《红楼梦》，这不是一首诗吗？”这个女生曾经考过年级第一，可她只愿意读课本，从来不看课外书。这是不是听起来有点不可思议？

有位妈妈在群里问我：“这类题怎样给孩子讲更清晰易懂？”我一看，那道题考查的重点是计算，但也需要一定的阅读理解能力。阅读理解能力并不是一朝一夕就能提升的，而是需要长时间的积累，多读书，多读不同种类的书，从而扩大知识面。

再说说涵涵最近疯狂迷恋的《米小圈上学记》吧，她喜欢到什么程度呢？每天除了自己拿本书看还不过瘾，还要听音频，还要自己用里面的主人公编故事，甚至扬言要嫁给米小圈。

对于家长来说，这本书肯定没有获凯迪克奖或者国际安徒生奖的书更有营养、“更有用”，但孩子喜欢，并且读得津津有味，有何不可呢？想想我们自己吧，一本获得诺贝尔文学奖的作品和一本笑话大全放你面前，有几个人会选前者呢？读书从来都是由浅入深的，孩子最初拿书都是当玩具来玩的，玩着玩着就喜欢上了书，喜欢上了书里的故事，喜欢上了不断了解自己未知的东西。更何况当涵涵边看米小圈边哈哈大笑时，我觉得比她边看抖音或快手边哈哈大笑有意思多了。

法国教育家卢梭曾说：“大自然希望儿童在成人以前就要像儿童的样子。如果我们打乱了这个次序，就会造成一些早熟的果实，既不丰满也不甜美，而且很快就会腐烂，我们将造成一些年纪轻轻的博士和老态龙钟的儿童。”

愿我们的孩子能够遂自己的心愿，看一些“无用之书”，做一些“无用之事”，做一个纯粹的孩子，享受更多美好的童年时光。

阅读能力超强的孩子，都在这五点上下功夫

上初中时，我座位前面那个男孩，读书很快，不管多厚的书，晚上开始读，第二天问他，都已读完了。可再问他书里讲了什么内容，他总是用三个字就能概括——“不知道”。

读过的书，没有吸收，是汲取不到养分的，更别提内化成自己的知识了。所以如何阅读一本书，就显得非常关键了。针对绘本，我们可以从这几点引导孩子阅读。

01 预测故事内容

我们可以从封面开始预测，也可以从“会说话”的扉页开始预测，还可以在讲的过程中预测将会发生什么。比如，当涵涵让我给她讲《西梁女国》这本书时，根据书名和封面，涵涵推断出，这里面有个女王，这个女王想吃唐僧肉，孙悟空不让她吃。女王想吃唐僧肉，可唐僧为什么会脸红呢？我们就带着这个问题进入故事找答案。

“会说话”的扉页也可以拿来推测故事内容。《五岁老奶奶去钓鱼》，老奶奶的篮子里只有花，是还没有去钓鱼时发生的事儿，还是压根儿没有钓到鱼，只采了一些花？你觉得是怎样的呢？

读绘本故事《整洁小姐》时，当前面已经介绍了整洁小姐有多爱干净整洁后，突然发生了一件事——下了一夜的雨，花园小路中间形成了一个小水坑。当我给两个孩子讲时，边翻页边提问：“猜猜接下来将会发生什么呢？”孩子们都说：“去把水坑里的水弄干净。”

当说到“你能猜到结果是什么吗”的时候，最好能够加重一下语气，并且放缓语调，孩子就会很开心地说出自己头脑中的答案。

在亲子阅读中，这种自然而然的预测，不仅能够提高孩子的阅读兴趣，还能提升孩子的阅读理解能力，锻炼孩子的推理技巧，最关键的是让孩子养成在阅读中思考的好习惯。这种预测就跟打游戏一样，马上就能得到反馈。因为都是一些八九不离十的答案，孩子基本都能预测对，得到的是积极的反馈，这能给孩子带来很大的成就感和自信心。兴奋能让人分泌出更多的多巴胺，进而让孩子对阅读上瘾，喜欢上阅读。

02 将文字可视化

“小羊在下游喝水，在上游的狼说小羊污染了它将要喝的水”，这句话如果没有将文字可视化，只是眼里看到文字，脑子没有形成相对应的画面，孩子基本上读完就好了，不会有更多的印象。而经常看绘本的孩子，首先接触到的就是看图说话，大片大片精美的图画，早就在脑海中留下了深刻的印象。孩子在听故事的时候，会不自觉地在脑海中想象出画面。

最近涵涵在听《米小圈上学记》的音频，写这篇文章前，我问："你在听的时候，脑海里在想啥呢？"她说："听到米小圈，我就想起了佩奇的甜甜圈；听到姜小牙，我就会想到姥姥的大门牙。"

除了将文字可视化，我们还可以通过思维导图，让孩子对故事有个可视化的概括。

03 读懂比读完更重要

读绘本重点在读的质量，不在于跟别人比读了多少册。无论是中文还是英文，可理解性的输入才是高质量的输入。

高中是我读课外书最多的时期。因为那个时候我到了县城读书，能接触到的资源多了。读书的时候，我一般都会在腿上放一本《新华字典》，遇见不认识的字，或者不明白的词，便会快速翻字典。所以写作文时，我能够将见过的好词好句都用上。我的阅读不仅仅停留在读完，而是读懂了，因此能够活学活用。

现在陪涵涵一起读书的时候，当我遇见认为比较生僻的字时，我都会问涵涵是啥意思。有的涵涵会用同义词来解释，证明她理解透彻了；有的理解不到位，我就会给她再解释一遍。

现在她养成了遇到不会的字就问我的习惯。比如一天早上她问我："妈妈，女魔头是啥意思呢？"我解释后，她又问："那有没有男魔头呢？"

当然，有些知识以孩子现有的水平理解不了，那也没关系，总有一天她会豁然开朗。而且，同样的书在不同时期读，人们的收获也会不一样。我们这里说的是可理解输入的重要性，不是说非得所有的书都要完全吃透。

04　表达自己的观点

让孩子表达自己的观点，可以分为两类：一类是让孩子发挥想象力，鼓励孩子创作一个新的故事结局或续写故事。比如读《奇先生妙小姐》时，可以问孩子："明年整洁小姐还会去度假吗？"另一类是让孩子发表自己的观点和评判。比如读《三只小猪的真实故事》时，可以问孩子："你觉得事情是像大灰狼说的这样吗？为什么？"

需要注意的是，这种开放性的问题是没有对错的，我们要鼓励孩子发挥自己的想象，表达自己的观点，而不是指指点点，"这样不可能""那样太荒诞"。

05　将读书与实际生活关联起来

在和孩子读绘本时，可以引导孩子将现在读的绘本和以前读的绘本关联起来。比如当我和涵涵读《饼干狗》这本书的时候，读完我俩都冲着对方会心一笑。因为书里这只狗狗简直就是涵涵自己的化身，也是睡觉前找各种理由不想睡。于是我就把书里的小狗改成了涵涵的英文名字，然后涵涵自然而然地就充当起了小狗的角色，我俩边读边表演。

还有在讲“小乌龟富兰克林”系列绘本中关于人际交往的故事时，因为刚好这些故事跟涵涵的实际生活有关，于是她就联想到了现实中的朋友们，并说了一些她和朋友之间的事儿。

只有把读过的书跟实际生活联系起来，才能内化成自己的价值观、人生观和处世方式。否则就只是读过了一些文字，没有做深入思考，也谈不上活学活用了。

我们常说“读万卷书，行万里路”，我们在户外活动时，在生活当中发生某一件事情时，也可以联想起曾经读过的书。

这五点不一定在读每一本书的时候都会用到，但若是有意识地在阅读中运用那么一两点，长期坚持下去就会成为一种习惯。

如何给孩子选书，孩子才爱读

谁都知道亲子阅读好，但选不好书，再多的阅读也没什么效果。每天都有很多妈妈问我：该给孩子读什么样的书？一般我都是根据宝宝的年龄去推荐一些经典的绘本。

从涵涵接触绘本以来，在书籍的选择上，我做了很多笔记，看了很多绘本名家写的选书指南，还去听了一些绘本大师的课程。在此，我把这些经验分享给更多需要的人，愿咱们的孩子都能读到好书。

01　适龄适性

我是个“囤书狂”，我们家这个片区的快递员一开始很奇怪，怎么隔三岔五我就会买一些书？后来他也见怪不怪了，就像老朋友一样问我：“涵涵妈，书你下来拿，还是放门房啊？”

因为我每次看到适合涵涵这个年龄段的书，总是想把它们全部买回来，生怕错过这个时间段再买回来，她就不喜欢了。

何谓适龄？就是选书的时候要考虑孩子这个年龄段的特点。在某一个关键期内选择一些适合孩子、会让孩子某一方面的能力显著提高的绘本。比如数学敏感期内读数学绘本，可以锻炼孩子的想象力和逻辑思维、逆向思维等思维能力。再比如在孩子不停地问“为什么”的逻辑思维敏感期，给孩子选一些自然科学类的绘本。

· 未满一岁

从早教的角度来讲，在孩子一岁之前，早教的主要任务是培养宝宝的感知觉。心理学研究表明，六个月大的时候，孩子就有深度知觉了。对孩子感知觉的训练有助于提高其智力水平。这个时候的书，要以图画为主，甚至不需要什么文字。

家长可以选择一些颜色鲜艳、色块大、文字简单、语言有韵律并且好玩的童书。最好是硬纸板书，可以防止孩子乱撕、啃咬。还有一些布书和洗澡书、洞洞书之类的，都是培养阅读习惯、促进宝宝智力发育的最佳选择。

· 一到两岁

由于一到两岁的宝宝认知比较浅，因此这一阶段选书还是以色彩鲜艳、图形简单、富有趣味、内容贴近宝宝生活的绘本为主，以便于帮助宝宝理解自己所处的环境，进行简单的认知，也让宝宝在阅读中体验到乐趣。

一些经典的认知书可以让孩子认识动物、词语、数字、形状、颜色，用来进行认知启蒙、促进语言表达力的发展再好不过了。至于贴近生活、培养好习惯的绘本，像“噼里啪啦”系列和“小熊宝宝”系列都是这类的。

三岁前早教的主要任务是感知觉和精细动作发育。我们可以给宝宝选择一些视觉游戏书，促进宝宝的视觉发育，进而开发智力。还有一些有声书和触摸书也可以促进宝宝的听觉和触觉发育。

教育家苏霍姆林斯基曾说：“手是思想的镜子，是智力发展的刺激物。”一到四岁是宝宝手指精细动作发育的关键期。一些滑板书，通过推、拉、滑等动作锻炼手指，进而锻炼宝宝的精细动作，提高手指灵活性。

细节敏感期的宝宝，特别喜欢抠洞洞。我们不妨投其所好，抓住孩子的这个敏感期，让他爱上洞洞书，进而爱上阅读。而且读一套好书，里面的知识肯定也能让孩子受益匪浅。

所以，这个年龄段的宝宝，除了促进感知觉发育的游戏书外，还可以玩洞洞书、翻翻书、滑板书等，进一步锻炼手的灵活性，促进精细动作发育，增强好奇心。

让宝宝先接触这些好玩的书，爱上书，然后他们慢慢就会爱上阅读了。

· 两到三岁

两三岁的宝宝已经有了一定的认知基础，理解能力也有极大提升。家长可以选择一些有情节、文字简单、朗朗上口、细节更丰富的绘本，在阅读中引导孩子去探索和思考，激发孩子更多的想象力。比如海豚花园的《变！变！变！》是一套非常好的锻炼想象力的绘本。

· 三岁以上

三岁以上的孩子语言体系基本成熟，想象力极大提升，已经有了很强的自我意识和理解能力。可以选择有文字、有情节、图画丰富的绘本，一些大师作品或者获奖作品统统可以读了。比如安东尼·布朗的《我爸爸》和《我妈妈》非常适合给这一时期的孩子读一读。

孩子三岁前最主要的心理营养是来自妈妈的安全感，三岁后最需要的是父亲的肯定、赞美和认同。所以此时也可以选择一些跟父亲有关的绘本，并且让爸爸来给孩子讲。

· 四到六岁

孩子三岁以后，就可以加入一些数学类或自然科学类的绘本了，不再局限于语言系列绘本。当然，低幼时期读自然科学类的绘本也是可以的，只是三岁以后可以加大此类书的比重。

自然科学类绘本不仅能够让孩子在阅读中不“偏食挑食”，汲取更全面的营养，还能激发孩子的探索欲，这样他以后才会主动学习。

另外，这个时期，对孩子的性教育也不能落下，自我保护和性启蒙在此时都应该提上日程，可以买一些相关绘本，比如《我从哪里来》等。

· 六岁以上

等孩子上小学了，识字了，我们就可以带孩子去书店，让他根据自己的兴趣选书。

何谓适性？就是选择的书要符合孩子的性格特点，或者说有助于孩子养成良好的性格。比如，很多孩子在三岁人际交往敏感期的时候，不懂得该如何与小朋友相处，那就可以让孩子看一些关于友情类的绘本。比如“小乌龟富兰克林”系列，每册讲一个不同的故事，教孩子如何交朋友，让孩子明白成长中的那些问题应该如何应对、如何理解。

胆小的孩子可以看一些关于勇气和力量的绘本；害怕黑夜的孩子可以看一些解释黑色的绘本。男孩子喜欢恐龙，可以看看以恐龙为主人公的绘本；女孩子可以看一些主人公为公主、小兔子等适合其性格特点的绘本。

当然，很多经典绘本是男孩女孩都爱看的，并不是说女孩不喜欢恐龙为主人公的绘本。比如，涵涵就非常喜欢宫西达也“恐龙系列”的绘本，因为那里面的故事都是符合孩子心理特点的，孩子会被深深地吸引。这套书我是在涵涵三岁多的时候给她买的，直到五六岁了，隔段时间她依然会拿出来让我读一读。而每个不同的年龄段，孩子读完的感触也是不一样的。

02　从亲子阅读开始就不应该“偏食挑食”

很多妈妈肯定已经知道了，我的数学很不好。有次去北京听《我爸爸》和《大卫，不可以》的译者余治莹老师的绘本课，她也说自己很害怕数学，原因是她爸爸小时候只喜欢给她读历史类和文学类的绘本。

我们的经历很相似，我爷爷是我的启蒙老师，他也喜欢历史和文学，所以我从小接触到的书籍和故事基本上都是这两类。余治莹老师当时说，如果小时候培养阅读习惯时就“偏食挑食”，长大后就会觉得这类东西很枯燥，会排斥它们，甚至害怕它们。

一语惊醒梦中人啊，这说的不就是我吗？正因为我自己有这方面的缺憾，所以在给涵涵选书时，我会根据她的年龄特点，有意识地去选一些自然科学类的绘本。比如通过“偷偷看里面”系列，她告诉我：“妈妈，你知道吗？白天也是有月亮的，只是我们看不见而已！”她还懂得，“地震之后会有余震，所以要注意”。

如今涵涵的数学思维和逻辑思维也很不错，我并没刻意教过她任何数学知识，但她却懂得了很多数学方面的知识。我后来看了她的数学、物理等自然科学类绘本，才发现原来理工科的内容也可以这么有趣，如果我当时也能接触到，那该多好啊！

所以，在开始亲子阅读时，一定不要只给孩子看故事类、文学类的绘本，而是要广泛阅读。有自己的特长固然很重要，但也不要让短板阻碍了特长的发展。

03 看作者和译者

现在童书市场上的绘本种类很多，很多家长在挑书时看得眼花缭乱，也不知道该买哪些好。其实绘本都有各自的特色，如果实在不知道该选哪本，那就挑那些享誉世界的优秀绘本作者或著名翻译家翻译的作品。

知名绘本作者的作品比较多，可以按需选择。比如李欧·李奥尼的《小黑鱼》《田鼠阿佛》；佐佐木洋子的《小熊宝宝》；林明子的《第一次上街买东西》《阿秋和阿狐》——她的书涵涵至今爱看；大卫·香农的“大卫，不可以”系列、《鸭子骑车记》《大雨哗啦哗啦下》；安东尼·布朗的《我爸爸》《我妈妈》；等等。

优秀的翻译者，如彭懿老师、“花婆婆”方素珍、余治莹老师、漪然老师等都是绘本翻译界的名家，他们翻译的作品都是良心之作！

04　看出版机构

除了看作者和译者，在选书时也可以看一下出版机构，比如信谊、蒲蒲兰、爱心树、蒲公英童书馆、海豚出版传媒、接力出版社、明天出版社、二十一世纪出版社等，都是优秀的绘本出版机构，都曾出过非常经典的绘本。

像立体翻翻书、机关书等，也主要看出版机构，比如安徽少年儿童出版社、海豚出版传媒、乐乐趣、中信出版社等，都是不错的选择。

05　看获奖情况

一般而言，获得一些国内外大奖的绘本，由于评选标准严苛，所以妈妈们跟着买基本上也不会错。全球著名的绘本奖有很多，比较有名的主要是：美国凯迪克奖——美国最权威的绘本奖，分金牌奖和银牌奖；国际安徒生奖——全球儿童文学界最高荣誉；英国凯特·格林威奖——英国儿童绘本的最高荣誉。

此外还有德国绘本大奖、日本绘本大奖、布拉迪斯拉发国际插画双年展大奖、丰子恺儿童图画书奖、信谊图画书奖等，都是极具实力的绘本大奖。

总之，不要让庸书害了孩子，要读就读好书，读适合孩子的书，读对孩子有用的书，读孩子喜欢的书。

后记
育儿可以抄作业，却不能生搬硬套

在知乎上看到一个妈妈发的帖子，说很后悔听了别人的建议，没有给孩子指读，导致现在孩子上一年级了，很多字都不认识，之前读的书也白读了，根本就没有从中学到该识的字。

看到这个帖子，我心里还挺不是滋味的，因为我也曾写过一篇不建议指读的文章——《到底要不要指读？看娃，看年龄》，前面书中也提到过不建议指读。

因此我想，会不会我的读者中，也会有因为看了我的文章没有指读，最后怪我的呢？

其实，关于要不要指读，专家们一直是有争议的。

尹建莉老师在《好妈妈胜过好老师》里面分享过女儿圆圆通过指读故事识了很多字的育儿经验。

而著名的绘本翻译家阿甲老师却说，绘本阅读的误区之一，就是认为读书就是读字。图画书是由文和图共同构成的一种艺术形式，哪怕它的留白，实际也是整个画面的一部分，要尊重它们作为一个整体的形式……

我更赞同阿甲老师的观点。绘本那么好的读物，若是仅仅拿来作为识字的工具就太浪费了。

读图能力、图画鉴赏能力、画面连接之间的逻辑能力、发现图画细节等这些看不见的软实力，我觉得比单一的识字更重要。

越难培养的能力，越需要日积月累。识字可以靠《学前识字快读800字》《四五快读》等短期内突破，还可以玩识字App，更可以在外出时通过认路牌、店面招牌等学习。

关于指读，我们前面也说过，可以根据孩子的实际情况来。识字敏感期之前只指读书名，这样既能识字，还能把孩子的注意力转移到绘本上，告诉孩子“咱们要开始阅读啦”。

识字敏感期到来后，如果孩子不排斥指读，要是想让孩子识字量快速增加，也可以指读；如果孩子就是不愿意指读，那我们何必为了这一种识字途径，破坏了孩子的阅读兴趣呢？毕竟识字之路千万条，条条大路通罗马，没必要非得靠破坏孩子的阅读兴趣为代价。

其实，我举“指读”的例子，只是想说，育儿是一件很个性化的事情。每个孩子的家庭环境不同，孩子的性格爱好也不同，借鉴和学习别人的育儿方法很必要，但个性化的规划更重要。真没必要为了一篇文章、一个帖子，甚至所谓“过来人”的一句话就否定自己的育儿方法，从而焦虑不已。

育儿之路上，借鉴和学习能让我们少走很多弯路，了解更多的育儿可能性。如果我们能够知其然，并知其所以然，通过学习，确定了自己家的育儿目标，选定了适合自己孩子的育儿方法，知道自己这一阶段的育儿行为想要的究竟是什么结果，就不会再对某一个教育理念耿耿于怀、患得患失。

说白了，家长之所以会一直焦虑，别人的一句话都能影响自己，还是研究了解得太少，想得太多。因为了解太少，对某个教育理念一知半解，就很容易人云亦云，生搬硬套，从而导致焦虑不安、举棋不定。

事实上，育儿可以抄作业，却不能生搬硬套。只有多学习、多研究、多了解，摸索出适合自己家孩子的方法，才是最有效的育儿方法。